पाब्लो नेरुदा

ओ प्रिया !!!
(हिंदी में अनूदित एक सौ प्रेम सोनेट)

ओ प्रिया !!!
(हिंदी में अनूदित एक सौ प्रेम सोनेट)

पाब्लो नेरुदा
नोबल पुरस्कार विजेता

अनुवादक:
विनीत मोहन औदिच्य

BLACK EAGLE BOOKS
2021

BLACK EAGLE BOOKS

USA address:
7464 Wisdom Lane
Dublin, OH 43016

India address:
E/312, Trident Galaxy, Kalinga Nagar,
Bhubaneswar-751003, Odisha, India

E-mail: info@blackeaglebooks.org
Website: www.blackeaglebooks.org

First International Edition Published by
BLACK EAGLE BOOKS, 2021

PABLO NERUDA
100 LOVE SONNETS
Translated by **Vineet Mohan Audichya**

Hindi Translation Copyright © **Vineet Mohan Audichya**

All rights reserved. No part of this publication may be reproduced, stored in a retrieval system, or transmitted, in any form or by any means, electronic, mechanical, photocopying, recording or otherwise without the prior permission of the publisher.

Cover & Interior Design: Ezy's Publication

ISBN- 978-1-64560-179-1 (Paperback)

Printed in the United States of America

समर्पण :
प्रत्येक अनुरक्त हृदय को सादर समर्पित

मुखबंध

लगभग तेरहवीं शताब्दी के मध्य काल में इटली के महान कवि फ्रांसिस्को पेट्रार्क, दांतें और तासो की प्रिय काव्य विधा सोनेट, इंग्लैंड में साम्राज्ञी एलिजाबेथ के युग के सर्वकालिक महान कवि व नाटककार विलियम शेक्सपियर से साम्राज्ञी विक्टोरिया काल के गैब्रियल दांतें रोसैट्टी तक अंग्रेजी साहित्य में निर्विवाद रूप से सर्वाधिक लोकप्रिय व समृद्ध हुई है, तत्पश्चात आधुनिक काल व उत्तर आधुनिक काल में भी अमेरिका, जर्मनी, फ्रांस, रूस, कनाडा व आस्ट्रेलिया आदि देशों के राबर्ट फ्रास्ट, डब्ल्यू एच आडन, मेरी एफ रोबिंसन, मार्क आन्द्रे राफालोविच, लारेंस बिनयोन, इवान मंटिक, एडना विंसेंट मिल्ले, वेंडी कोप लोर्ना डेविस, ए एम जस्टर, जोसेफ सलेमी, जोसेफ मेकेंजी, डेलन थामस, ई ई कमिंस जैसे कई कवियों ने इस विधा में सफलतापूर्वक लेखनी चलाई है।

ऐसा माना जाता है कि भारत में हिंदी भाषा में सर्वप्रथम कवि त्रिलोचन शास्त्री ने रोला छंद में सोनेट लिख कर अपनी उपस्थिति दर्ज कराई तदनन्तर मैंने (विनीत मोहन औदिच्य) व अनिमा दास जी ने भाव स्रोतस्विनी व काव्य पुष्पांजलि में स्वयं के मौलिक सोनेट लिखने के पश्चात क्रमश: अंग्रेजी व ओड़िआ भाषा के सुविख्यात कवियों

के कालजयी सोनेट्स को हिंदी भाषा में अनूदित कर इस उत्कृष्ट काव्य विधा को हिंदी साहित्य में सुपरिचित कराने में उल्लेखनीय योगदान दिया। यद्यपि देश की अन्य भाषाओं में सोनेट विधा पर क्या कार्य हुआ इसकी जानकारी तो उपलब्ध नहीं है परन्तु ओड़िआ प्रान्त में इस विधा पर पद्मभूषण मायाधर मानसिंह, पद्मभूषण रमाकांत रथ, गिरिजा कुमार बालियार सिंह व सत्य पट्टनायक जी जैसे कई विख्यात कवियों ने सोनेट विधा को समृद्ध किया है।

दक्षिण अमरीकी देश चिली में १९०४ में जन्मे प्रतिष्ठित, अंतरराष्ट्रीय नोबेल पुरस्कार विजेता, प्रख्यात कवि पाब्लो नेरुदा जिनका वास्तविक नाम 'नेफ्टाली रिकार्डो रेयेस बोसाल्टो', था एक लोकप्रिय कवि थे। उनकी १९६० में प्रकाशित १०० प्रेम सोनेट (Cien Sonetos de amor) एक कालजयी कृति है जो उनके द्वारा, उनकी प्रियतमा मेटिल्डा उरूशिया, जो कालांतर में उनकी जीवन संगिनी बनीं, को समर्पित की गयी है। इन सोनेट्स में कवि का अपनी सहचरी के प्रति प्रेम संपूर्णता में अभिव्यक्त होता है। इस महान काव्य कृति में त्रिआयामी प्रेम, घनिष्ठता, भावुकता और प्रतिबद्धता के रूपों में सर्वत्र मुखरित होता दिखाई देता है।

पाब्लो नेरुदा ने काव्य विधा सोनेट को रूपक, उपमा, मानवीकरण व अतिशयोक्ति अलंकारों से सुसज्जित किया है। साथ ही दक्षिण अमरीकी देश चिली के सुपरिचित भौगोलिक परिदृश्य में दृश्य व गतिमान बिंबों का अत्यंत प्रभावी उपयोग किया है।

संपूर्ण काव्य में कुछ अपवादों को छोड़कर, नेरुदा, मेटिल्डा उरूशिया को प्रिया नाम से संबोधित करते हैं।

ये सोनेट प्रथम पुरुष में लिखे गये हैं जो कवि की अंतरंग अनुभूतियों को विस्तार देते हैं। यहाँ अपनी प्रेमिका की देह के प्रति सहज मानवीय आकर्षण और एकाकार हो जाने की आकांक्षा नितांत मौलिक और स्वाभाविक प्रतीत होती है।

वास्तव में यह यथार्थ उपेक्षित नहीं किया जा सकता कि धरा पर मानव जीवन में प्रेम एक अनिवार्य तत्व है जिसके बिना जीवन नीरस, अपूर्ण व निरर्थक है। प्रेम की महत्ता भौगोलिक सीमाओं, जातियों व वर्गों से परे रही है। विश्व की हर भाषा में प्रेम, कविता के अजस्त्र स्त्रोत के रूप में कल कल निनाद करता हुआ मानव मात्र को आनंदित करता रहा है।

यह कहना समीचीन होगा कि प्रेम जैसी सुकोमल भावना की प्रभावी अभिव्यक्ति

के लिए सोनेट एक आदर्श विधा सिद्ध हुई है। पाब्लो नेरुदा, विलियम शेक्सपियर, विलियम वड्‌र्सवर्थ, जॉन मिल्टन और गैब्रियल दांतें रोसैट्टी की समृद्ध परंपरा के निर्विवाद उत्तराधिकारी बनकर उभरे हैं। जहाँ पूर्ववर्ती कवियों ने सोनेट की सर्वमान्य संरचनाओं को सृजन में प्राथमिकता दी वहीं नेरुदा ने स्पैनिश सोनेट की परंपराओं और गीत अनुक्रम को पोषित पल्लवित किया। उन्होंने सोनेट सृजन में मुक्त छंद से लेकर दुर्लभ जटिल संरचनाओं का प्रयोग किया है। उनकी आलंकारिक संरचना अद्भुत है। वाक्य विन्यास और ध्वनि में स्वर का बेजोड़ प्रयोग है जो सहसा चमत्कृत कर देता है।

नेरुदा के सोनेट न केवल प्रेम को अति यथार्थ वादी स्वरूप में अर्वचनीय इंद्रिय विषयक सुख प्रदान करते हैं वरन हमें कवि के श्रेष्ठ बौद्धिक स्तर से सुपरिचित भी कराते हैं।

इन सोनेट्स में हम एक ऐसे कवि के दर्शन करते हैं जो सकारात्मक, राजनैतिक और भावनात्मक रूप से उदारवादी है। प्रेयसी मेटिल्डा उरूशिया को समर्पित उनके अनुसार काष्ठ के सोनेट जिन्हें उसने स्वयं जीवन दिया है, प्रेम की अद्वितीय आधार शिला हैं।

ब्लैक ईगल पब्लिकेशन, ओहियो द्वारा, 'प्रतीची से प्राची पर्यंत' काव्य संग्रह जिसमें आंग्ल और ओडिया भाषा के सुविख्यात सोनेट रचनाकारों की रचनाओं को अनूदित किया गया है, के प्रकाशन के बाद मेरे द्वारा इस काव्य संग्रह 'ओ प्रिया !!!' के माध्यम से हिंदी भाषा भाषियों को चिली के महानतम कवि पाब्लो नेरुदा की सुप्रसिद्ध कृति 'प्रेम के सौ सोनेट' से सुपरिचित कराने एवं सोनेट विधा को लोकप्रिय बनाने के उद्देश्य से अनूदित करने का उपक्रम किया गया है।

पारंपरिक सोनेट की लीक से हटकर लिखे गए ये सोनेट वैयक्तिक प्रेम को सहजता से अभिव्यक्त करते हुए हृदय पर अपनी विशिष्ट प्रभाव छोड़ जाते हैं।

कवि पाब्लो नेरुदा की अद्भुत सोनेट श्रृंखला को हिंदी भाषा में रूपांतरित करते हुए मेरा यही प्रयास रहा है कि कवि की मृदुल भावनाओं को यथासंभव अपरिवर्तित रखते हुए मूल स्वरूप में ही संप्रेषित किया जाये।

प्रथमत: मैंने पाब्लो नेरुदा की इस सुप्रसिद्ध कृति को पढ़ने के उद्देश्य से ही प्राप्त किया था परंतु मेरी अभिन्न मित्र हिंदी साहित्यकार अनिमा दास जी के विशिष्ट आग्रह और प्रेरणा के फलस्वरूप ही मैं कृति के हिंदी भाषा में रूपांतरण कार्य को

करने का साहस जुटा सका जिसके लिए मैं सदैव उनके प्रति कृतज्ञ रहूँगा।

मैं अत्यंत आभारी हूँ परम सम्माननीय ओड़िआ साहित्यकार आदरणीय श्री सत्य पट्टनायक जी का, जो संरक्षक के रूप में ब्लैक ईगल प्रकाशन के माध्यम से निरंतर विभिन्न भाषाओं के भारतीय साहित्य को समृद्ध करने का निरंतर प्रशंसनीय कार्य कर रहे हैं। उत्तर आधुनिक काल के एक उत्कृष्ट सोनेट सृजन कर्ता होने के साथ ही सत्य पट्टनायक जी ने सोनेट विधा को लोकप्रिय बनाने में अप्रतिम योगदान दिया है। उन्ही के सौजन्य से मेरा पूर्व में अनिमा दास जी के साथ साझा सोनेट काव्य संग्रह 'प्रतीची से प्राची पर्यंत', माह अक्टूबर, २०२० में प्रकाशित किया गया है उनके सकारात्मक सहयोग के बिना मेरे लिए इस महान कृति को मूर्त रूप दे पाना कदाचित् संभव न होता।

कृति रूपांतरण के उपक्रम में हुई प्रत्यक्ष अप्रत्यक्ष त्रुटियों के लिए मैं हृदय से क्षमाप्रार्थी हूँ।

मुझे पूर्ण विश्वास है कि साहित्य प्रेमी, उदार मना, सुधी पाठक गण मेरे लघु प्रयास 'ओ प्रिया !!!' को अपने स्नेह और आशीर्वाद से अभिसिंचित करेंगे।

इति शुभम्

आदर एवं आभार सहित,
स्नेहाकांक्षी
विनीत मोहन औदिच्य
(हिंदी साहित्यकार एवं ग़ज़लकार)
निवास- एम आई जी-११८
शांति बिहार कालोनी, रजाखेड़ी, मकरोनिया,
सागर, मध्य प्रदेश (भारत), पिन कोड-४७०००४
सचल भाष- ७९७४५२४८७१
अणु डाक- v.maudichya@yahoo.com

सूची

भाग: १
प्रात: काल   13

भाग: २
दोपहर   47

भाग: ३
सायंकाल   69

भाग: ४
निशा   95

सोनेट भाग-१
प्रात:काल

(१)

मेटिल्डा : नाम एक पौधे या एक चट्टान या एक मदिरा का,
उन वस्तुओं का, जो धरा पर लेती हैं जन्म और होती हैं प्राप्त अंत को:
वह शब्द जिसके विकास में होता है उदय, प्रभात का
जिसकी पूर्णता में प्रस्फुटित होता है नीबुओं का प्रकाश।

काष्ठ निर्मित पोत उस नाम के सहारे होते हैं पार,
और अग्नि सी नीली समुद्री लहरें घेर लेती हैं उन्हें :
इसके अक्षर हैं उस सरिता के जल
जो बरसते हैं मेरे शुष्क हृदय से।

ओ ! नाम जो रहता है अनावृत उलझी लताओं में
एक गुप्त सुरंग में खुलते दरवाजे सा
विश्व की सुगंध की ओर !

उष्ण मुख से करो मुझ पर आक्रमण : करो मुझसे प्रश्न,
रात्रि में अपनी आँखों से, यदि चाहो तो-
पोत सा चलने दो नाम के सहारे; दो मुझे वहाँ विश्राम।

*मेटिल्डा- कवि पाब्लो नेरुदा की प्रेयसी मेटिल्डा उरूशिया जो कालांतर में उनकी तीसरी पत्नी बनी

(२)

प्रेम, कितना लंबा रास्ता है चुंबन तक पहुंचने के लिए,
गति में है -कितना एकाकीपन, तुम्हारे साथ आने के लिए !
बारिश की बूँदों के साथ लुढ़कते हुए, हम अकेले तय करते हैं पथ।
टालटाल में न तो पौ फटती है न ही आता है बसंत।

ओ प्रिया! परंतु मैं और तुम, हम हैं साथ
अपने वस्त्रों से लेकर अपनी जड़ों तक :
रहते हैं समीपस्थ नदियों में,पहाड़ों में, पतझड़ में
जब तक कि हम नहीं होते हैं साथ - मात्र तुम और मैं।

उस प्रयास के बारे में सोचना, जब प्रवाह बहा ले आता है कई पत्थर,
बोरोआ के जल स्रोत में;
यह सोचना कि भौगोलिक अंतराल से विभाजित हैं तुम और मैं,

हमें एक दूसरे को केवल करना था प्रेम :
भिन्न पुरुषों अथवा नारियों व कई दुविधाओं के साथ,
यही है धरा जहाँ हमारे प्रेम पुष्प का होता है पल्लवन और पुष्पन !

*टालटाल-:उत्तर - मध्य चिली में अंतोफागस्ता शहर के बाहर एक छोटा बंदरगाही कस्बा
*बोरोआ - 'बोरो' से निर्मित एक विशेषण पूर्व इंकान इंडियन जनजाति उनकी भाषा और उनके क्षेत्र का नाम है जिसमें आधुनिक पेरू का पेरिस, ब्राजील और कोलंबिया सम्मलित है। बोरो, इक्विटोस पेरू के चट्टानी, प्रचुर और अमेजन नदी के जल के सघन विशाल अंतरीपों, जहाँ छोटी नदियां एकत्रित हैं, में अवस्थित है।

(३)

कटु प्रेम, काँटेदार भावनाओं की झाड़ी में
काँटों के राजमुकुट का एक बनफ्शा पुष्प,
दुखों का भाला, रोष का दल पुंज, कैसे आये तुम
जीतने मेरी आत्मा ? कौन सा दुखद मार्ग तुम्हें आया लेकर ?

क्यों इतनी शीघ्रता से उड़ेली तुमने मृदुल अग्नि,
मेरे जीवन की शांत पत्तियों के ऊपर ?
किसने दिखाया तुम्हें रास्ता ? किस पुष्प,
कौन सी चट्टान, किस धुंध ने दिखाया मेरा निवास स्थान ?

चूंकि पृथ्वी हिली - हाँ हिली, उस भयावह रात्रि को ;
तब भोर ने भर दिया सभी पात्रों को अपनी मदिरा से ;
दैवीय सूर्य ने घोषित किया स्वयं को ;

जबकि मेरे अंतर में, एक हिंसक प्रेम लगाता रहा
चक्कर मेरे चारों ओर-अपने काँटों और कृपाण से मुझे भेदने तक,
काटी एक शुष्क राह मेरे हृदय से होकर।

(४)

तुम स्मरण करोगी वह उछलता झरना
जहाँ से उठी और काँपी मधुर सुगंध,
कभी कभी एक पंछी, पल और धीमी गति का
आवरण पहने अपने पंखों पर।

तुम स्मरण करोगी धरा से प्राप्त उपहार :
न मिटने वाली सुगंध, सुनहरी माटी
झाड़ी में जंगली बीज और फैली हुई जड़ें
जादुई काँटों सी चंद्रहासें।

तुम स्मरण करोगी वह पुष्पगुच्छ जो उठाया था तुमने,
परछाइयाँ और शांत जल,
पुष्पगुच्छ सा झाग से आवृत्त पत्थर।

वह समय था "कभी नहीं" सा और "सदैव" जैसा।
हम जाते हैं वहाँ, जहाँ नहीं है कोई प्रतीक्षारत ;
हम पाते हैं वहाँ प्रतीक्षारत सब कुछ।

(५)

मैंने नहीं गही तुम्हारी रात या पवन या भोर :
मात्र धरा, समूहों में फल का सत्य,
मधुर जल पीकर ही फूलते हैं सेव
मिट्टी और तुम्हारी सुगंध से महकती धरा की किशमिशें।

क्विंचमाली से, जहाँ खुले तुम्हारे नयन
फ्रंटेरा तक जहाँ निर्मित किए गए तुम्हारे पैर मेरे लिए,
तुम ही हो मेरी, काली सुपरिचित मिट्टी :
तुम्हारे नितंबों को गह, मैं फिर से खेतों में गहता हूँ गेहूँ।

अराउको की नारी, संभवत: नहीं था ज्ञात तुम्हें
कैसे तुम्हें प्रेम करने से पूर्व मुझे विस्मृत हुए तुम्हारे चुंबन।
किंतु धड़कता रहा मेरा हृदय, तुम्हारा मुख स्मरण कर - चलता रहा मैं

सड़कों से होकर एक घायल मनुष्य सा
जब तक कि मैं समझ पाता प्रेम को : मुझे मिला
मेरा स्थान, एक चुंबनों और ज्वालामुखियों की भूमि।

*क्विंचमाली-चिली के बाहर, सांतियागो के दक्षिण में एक छोटा कस्बा
*फ्रंटेरा-ज्वालामुखीय, बर्फ आच्छादित बंदर गाह से लगता सीमांत क्षेत्र जहाँ नेरुदा का शैशव काल बीता
*अराउको - नेरुदा दक्षिणी चिली के टेमुको कस्बे के पास कोन्सेपसिओन के असमतल वर्षा सीमावर्ती दक्षिणी क्षेत्र में पले बढ़े थे।
टेमुको कस्बा, उन्नीसवीं सदी के उत्तरार्ध में ओराकेनियन इंडियन प्रजाति द्वारा चिल्लान के केन्द्रीय प्रशासन से हुई संधि के पश्चात बसाया गया।
नेरुदा के लिए ओराकेनिया या अराउको चिली की राजनीतिक स्वायत्तता और का रूपक है।

(६)

वन में खोकर, मैंने तोड़ा एक अंधेरी शाख को
और उठा लिया उसकी फुसफुसाहट को अपने तृषित अधरों तक :
संभवत: यह स्वर था रुदन करती वर्षा का,
एक चटखी घंटी का या एक भग्न हृदय का।

कहीं सुदूर से कुछ : ऐसा हुआ प्रतीत
धरा द्वारा छुपाया गया, गहरा और पवित्र मेरे लिए,
विशाल पतझड़ों, भींगी अधखुली पत्तियों के तमस में
घोंटी गयी चीख।

वहाँ स्वप्न रत वन से जागते हुए, बसंत
लगा गाने मेरी जिव्हा पर, उसकी तैरती सुगंध
चढ़ गई मेरे जाग्रत मस्तिष्क तक

मानो अकस्मात चीखी हों जड़ें मुझ पर, जिन्हें
मैं छोड़ चुका था पीछे, धरा जिसे छोड़ दिया था शैशव में
और मैं ठहर गया भटकती हुई गंध से घायल होकर।

(७)

मैंने कहा "आओ मेरे साथ" और नहीं जाना किसी ने
कहाँ, या कैसे धड़क रही थी मेरी पीड़ा,
कोई कार्नेशन पुष्प व नाविक गीत नहीं मेरे लिए,
केवल एक घाव जिसे खोल दिया था प्रेम ने।

मैंने पुन: कहा :आओ मेरे साथ, जैसे मर रहा होऊँ मैं,
और किसी ने नहीं देखा चंद्रमा, जिसका रक्त बहा मेरे मुख में
और या वह रुधिर जो बढ़ा शांति से।
ओ प्रिया! हम विस्मृत कर सकते हैं काँटों भरे सितारे को !

इसलिए, जब मैंने सुना तुम्हारे स्वर को दोहराते हुए
आओ मेरे साथ, ऐसा लगा मानो कर दिया हो मुक्त
पीड़ा को, प्रेम को, डाट लगी मदिरा के रोष को

मेहराबी छत की गहराई से बहते उष्ण जल स्रोत :
मैंने अपने मुख में फिर अनुभव किया अग्नि का,
रक्त, कार्नेशन पुष्प, चट्टान और जलने के फफोले का स्वाद।

(८)

यदि तुम्हारी आँखें चंद्रमा के रंग की न होतीं,
मृत्तिका भरे दिवस सी, और कार्य और अग्नि
यदि तुममें केंद्रित होते हुए भी, वायु सी चपल गति से नहीं चली
काश तुम न होती तृणमणि रंग का सप्ताह,

नहीं होती पीत क्षण
जब पतझड़ लताओं से चढ़ता है ऊपर की ओर ;
यदि तुम नहीं होती रोटी, जिसे सुगंधित चंद्रमा
माँडता है, छिड़क कर इसके आटे को आकाश में,

ओह, मेरी सर्वप्रिय, मैं तुम्हें नहीं कर सका इतना प्रेम !
किंतु जब मैं पकड़ता हूँ तुम्हें मैं पकड़ता हूँ वह सब कुछ जो है -
रेत, समय, बारिश का वृक्ष,

सब कुछ जीवित है, जिससे मैं रह सकूँ जीवित :
मैं सब देख सकता हूँ बिना चले हुए :
मैं तुम्हारे जीवन में देखता हूँ प्रत्येक को जो है जीवित।

(९)

वहाँ जहाँ लहरें बिखरती हैं व्यग्र चट्टानों पर,
फूटता है स्वच्छ प्रकाश और रूप लेता है गुलाब का,
और जलधि - वृत्त सिमट जाता है कलिकाओं के समूह में,
एक बूँद नीले लवण की गिरती हुई।

ओ चमकीले मेग्नीलिया झाग में फूटते हुए,
चुम्बकीय, क्षणिक जिसकी खिलती और लुप्त होती मृत्यु -
होती है, अस्तित्व हीनता, सदा के लिए :
टूटा हुआ नमक, जलधि की चकाचौंध करती लड़खड़ाहट।

प्रिया! तुम और मैं, हम साथ में करते हैं पुष्टि शांति की,
जबकि सागर कर देता है नष्ट अपनी स्थायी मूर्तियाँ,
गिरा देता है अपने तीव्र गति के स्तंभ और श्वेतता।

क्योंकि उन अदृश्य वस्त्रों को बुनने की प्रक्रिया में,
सरपट भागते जल में, निरंतर रेत में,
हम निर्मित करते हैं मात्र स्थाई मृदुलता।

(१०)

मृदु है यह सौंदर्य - मानो हो संगीत और काष्ठ,
सुलेमानी पत्थर, वस्त्र, गेहूँ, आडूओं से होकर चमकते हुए प्रकाश ने
बना दी हो एक क्षणिक प्रतिमा।
और अब वह लहरों के विरुद्ध, प्रेषित करती है अपनी स्फूर्ति।

धूप से तप्त उन पैरों को भिगोता है सागर,
दोहराता है उनकी आकृतियाँ, रेत में सद्य उभरीं हुईं
और अब है वह, गुलाब की स्त्रियोचित अग्नि,
मात्र बुलबुला जो रहता है सूर्य और सागर के विरुद्ध संघर्षरत।

ओह, कोई न स्पर्श करे तुम्हें सिवा चिली के नमक के !
निरंतर बसंत में प्रेम भी न करे व्यवधान !
सुंदर नारी, है अंतहीन झाग की प्रतिध्वनि,

तुम्हारे सुडौल नितंब जल में निर्मित करें नव माप
एक हंस, एक कुमुदनी जैसी-जब तुम तैराती हो
तुम्हारी आकृति शाश्वत स्फटिक से होकर।

(११)

मैं करता हूँ लालसा तुम्हारे मुख, स्वर और केशों की।
भूखा और शांत भटकता हूँ मैं, सड़कों पर।
रोटी नहीं करती है मेरा पोषण, भोर करती बाधित मुझे
करता हूँ मैं, तुम्हारे पद चाप की तरल माप का पीछा, सारा दिन।

मुझे भूख है तुम्हारे मृदुल हास की,
जंगली फसल के रंग के तुम्हारे हाथों की,
उंगलियों के नखों के पीले पत्थरों की है भूख,
मैं साबुत बादाम सा खाना चाहता हूँ तुम्हारी त्वचा को।

खाना चाहता हूँ, तुम्हारी सुंदर काया पर चमकती रवि किरणों को,
तुम्हारे हठी चेहरे की साम्राज्ञी नासिका को,
खा जाना चाहता हूँ बरौनियों की क्षण भंगुर छाया को,

और संध्या को सूंघते हुए टहलता रहता हूँ भूखा,
तुम्हें खोजते हुए, और तुम्हारे उष्ण हृदय को,
क्विट्रेटु के बंजरों में तेंदुए सा।

*क्विट्रेटु - टेमुको कस्बे के दक्षिण में अराउको का छोटा निर्जन, ज्वालामुखीय, बर्फीला क्षेत्र

(१२)

पूर्ण नारी, मांस - सेव, दहकता चंद्रमा,
समुद्री सेवार की तीव्र गंध, पंक और प्रकाश के छद्म वेश में,
कितनी पवित्र स्पष्टता खुलती हैं तुम्हारे स्तंभों से होकर ?
अपनी इंद्रियों से किस पुरा रात्रि का, मनुज करता है स्पर्श ?

ओह, जल और तारों के साथ यात्रा है प्रेम,
डूबती हवा और आटे के तूफानों के साथ ;
प्रेम है चमकती हुई बिजलियों का एक संघर्ष,
एक मधु के वशीभूत दो कायाओं का।

प्रत्येक चुंबन से करता हूँ मैं तुम्हारी छोटी अनंतता की यात्रा,
तुम्हारी सीमायें, तुम्हारी सरितायें, तुम्हारे छोटे ग्राम्य प्रदेश ;
और एक परिवर्तित-स्वादिष्ट जननेंद्रिय की अग्नि-

रक्त के संकीर्ण सड़क मार्गों से होकर है फिसलती
तीव्र, रात्रिकालीन कार्नेशन सी, स्वयं के उड़ेलने तक जब तक है यह :
कुछ भी तो नहीं है परछाई में, और प्रकाश की एक अग्नि शिखा।

(१३)

प्रकाश जो उठता है तुम्हारे पैरों से केशों तक,
शक्ति जो घेरे हुए है तुम्हारी कोमल काया को,
नहीं है मोती की सीप, न ही रुपहली रजत :
तुम बनी हो एक रोटी से, जिसे संवारती है एक अग्नि।

तुम्हारे रूप में, फसल के अन्न में हुई अति वृद्धि,
सही समय पर फूला आटा ;
जैसे गुंथा हुआ आटा उठा, तुम्हारे स्तनों को द्विगुणित करते हुए,
धरा में प्रतीक्षारत कोयले सा तैयार था मेरा प्रेम।

ओह ! रोटी, तुम्हारा भाल, तुम्हारी टाँगें, तुम्हारा मुख,
रोटी जो मैं खाता हूँ, भोर के प्रकाश में लेती है जन्म,
मेरे प्रेम, नानबाई की भट्टियों का प्रकाश ध्वज :

अग्नि ने सिखाया है तुम्हें रक्त का पाठ ;
आटे से सीखी है तुमने अपनी पवित्रता,
रोटी से जानी है अपनी भाषा और सुगंध।

(१४)

नहीं है मेरे पास तुम्हारे केशों का उत्सव मनाने का पर्याप्त समय।
करना चाहिए मुझे एक एक कर, तुम्हारे केशों का वर्णन व प्रशंसा।
अन्य प्रेमी रहना चाहते हैं विशिष्ट आँखों के साथ ;
मैं रहना चाहता हूँ केवल तुम्हारा अभिकल्पक।

वे बुलाते थे तुम्हें इटली में मेडुसा,
तुम्हारे ऊँचे, सीधे, खड़े बालों के प्रकाश के कारण।
मैं पुकारता हूँ तुम्हें "घुंघराली, मुझे उलझाने वाली" ;
मेरा हृदय जानता है तुम्हारे केशों के प्रवेश द्वार।

जब तुम भटक जाती हो राह, स्वयं के केशों में,
मत भूल जाना मुझे, स्मरण रखना, करता हूँ तुम्हें प्रेम,
मुझे भटक कर मत खोने देना, बिना तुम्हारे केशों के -

अंधेरे विश्व से होकर, खाली सड़कों और उनकी परछाइयों संग
उनके यायावर दुखों से बुने, अंधेरे जग से होकर,
प्रकाशित होते तुम्हारे केशों के उच्च स्तंभ, सूर्योदय होने तक।

*मेडुसा - ग्रीक पौराणिक कथाओं में वर्णित गोरगोन बहनों में एक जिसके सिर पर सर्पों से भरा हुआ था और जिसकी आँखों में सीधे देखने पर व्यक्ति पत्थर में परिवर्तित हो जाता था। उसे पोरेसस ने मारा।

*चिल्लान - टेमुको से सौ मील दूर दक्षिण सांतियागो में स्थित पर्वतीय क्षेत्र जहाँ मेटिल्डा उरूशिया का जन्म हुआ।

(१५)

यह धरा जानती रही है तुम्हें लंबे समय से :
तुम उतनी ही दृढ़ हो जितनी रोटी या काष्ठ ;
तुम पूर्ण पदार्थों से हो निर्मित समूह ; काया,
तुम्हारे पास है बबूल का गुरुत्वाकर्षण, स्वर्णिम शाक भार।

मैं जानता हूँ तुम्हारा है अस्तित्व, इसलिए नहीं क्योंकि
तुम्हारी आँखें वस्तुओं पर डालती हैं प्रकाश, खुले गवाक्ष सी -
किंतु इसलिए भी क्योंकि तुम ढली हो मृत्तिका में,
तुम्हें पकाया गया है चिल्लान की, कच्ची ईट की भट्टी में।

प्राणी :वे घुल जाते हैं वायु, जल और शीत के समान
और वे हैं अस्पष्ट, समय के स्पर्श करते ही हो जाते हैं अदृश्य,
मानो मृत्यु के पूर्व वे मिल गये हों धूल में

लेकिन तुम गिरोगी चट्टान की भाँति, समाधि में मेरे संग :
हमारे प्रेम का आभार, जो कभी न होगा व्यर्थ,
वसुंधरा जीवित रहेगी निरंतर।

(१६)

मुझे पसंद है कि तुम मुट्ठी भर धरा हो।
इसके एक ग्रह से विशाल, चारागाहों के कारण,
मेरे पास नहीं है कोई अन्य सितारा :
तुम हो बहुगुणित होते मेरे अंतरिक्ष की प्रतिकृति।

तुम्हारी फैली आँखें हैं, एकमात्र प्रकाश
बुझे हुए नक्षत्रों का ; जानता हूँ मैं
तुम्हारी त्वचा धड़कती है, बारिश से होकर निरंतर
एक पुच्छल तारे की लकीर सी।

तुम्हारे नितंब थे मेरे लिए बिल्कुल गोल चंद्रमा से ;
तुम्हारा गहरा मुख और इसके सुख बिल्कुल सूर्य से ;
तुम्हारा हृदय अपनी लाल लंबी किरणों सा उग्र,

यह हृदय था उत्साही प्रकाश सा, छाया में मधु सा
इसलिए मैं गुजरता हूँ तुम्हारा दग्ध आकार, चूमते हुए-
परिपूर्ण और ग्रह से संबंध है जिसका, मेरे कपोत, मेरे विश्व।

(१७)

मैं तुम्हें साल्ट रोज कार्नेशन या पुखराज मान कर,
नहीं करता प्रेम तुम्हारे बाह्य सौंदर्य या चमक से।
जैसे रहस्यमय वस्तुओं की चाह होती है सभी को,
आत्मा परछाई के मध्य गोपनीयता से करता हूँ प्रेम।

मैं करता हूँ तुम्हें प्रेम उस पौधे जैसा जो कभी न खिलता
किंतु अन्तर्निहित रखता है छिपे हुए पुष्पों का प्रकाश ;
मैं कृतज्ञ हूँ तुम्हारे उस अतुलनीय प्रेम का, जिसकी धरा से उठी गंध,
मेरी काया में सघनता से करती है निवास।

मैं करता हूँ तुम्हें प्रेम बिना जाने कैसे या कब या कहाँ से।
अहंकार या जटिलताओं से मुक्त, खुले मस्तिष्क से ;
इसलिए करता हूँ तुम्हें क्योंकि नहीं जानता इसके अतिरिक्त कोई अन्य मार्ग:

जहाँ न मेरा कोई अस्तित्व होता है, न ही तुम्हारा,
इतना पास कि मेरे वक्ष पर रखा तुम्हारा हाथ होता है मेरा ही,
इतना समीप कि तुम्हारे आँखें मूँदते ही सो जाता हूँ मैं।

(१८)

तुम बहती हो पर्वत श्रृंखलाओं में पवन जैसी,
बर्फ के नीचे गिरते हुए, तीव्र झरने सी :
तुम्हारे सघन केश धड़कते हैं सूर्य के
उच्च अलंकरणों से, दोहराते हुए उन्हें मेरे लिए।

काकेशस का संपूर्ण प्रकाश गिरता है तुम्हारी काया पर
एक गुलदस्ता जैसा, असीम रूप से अपवर्तक,
जिसमें जल बदलता है वस्त्र और गाता है
दूरस्थ नदी की हर गति के साथ।

एक पुरानी योद्धा सड़क, लगाती है पहाड़ी का चक्कर,
और नीचे पुराने सैनिक किलेबंदी में : वह जल जो
वे लेते हैं खनिज हाथों में, चमकता है घातक कृपाण सा :

जब तक जंगल भेजते हैं तुम्हारी ओर
अकस्मात एक टहनी - एक बिजली - कुछ नीले पुष्पों की,
उनके वनों के विचित्र जंगली तीर की आती है गंध।

(१९)

जबकि इस्ला नीग्रा का विशाल समुद्री झाग,
नीला लवण, लहरों में सूर्य छपछप करता है तुम्हारे ऊपर,
मैं देखता हूँ अपने कार्य में रत मधुमक्खी को,
अपने ब्रह्माण्ड के मधु में उत्सुक।

यह आकर छोड़ जाती है, अपनी सीधी पीली उड़ान को
संतुलित करते हुए, मानो फिसल गई हो अदृश्य तारों पर :
इसका सुघड़ नृत्य, इसकी प्यासी कटि,
संहारों का साधन है इसका नन्हा डंक।

एक नारंगी और तैलीय इन्द्रधनुष से होकर
यह करती है, एक वायुयान सा घासों में आखेट ;
यह उड़ती है एक कील के संकेत के साथ ; हो जाती है अदृश्य ;

जब तुम महासागर से निकलकर आती हो निर्वस्त्र
और लौटती हो लवण और सूर्य भरे संसार में :
प्रतिबिंबित करती प्रतिमा, कृपाण को रेत में।

*इस्ला नेग्रा - समुद्र के समीप मध्य चिली में स्थित नेरुदा का घर जहाँ १९३९ से उन्होंने अधिकतम समय व्यतीत किया।

(२०)

मेरी कुरूप प्रिया, तुम हो एक मलिन शाह-बलूत।
मेरी सुंदरी, तुम हो चित्ताकर्षक वायु जैसी।
कुरूप: तुम्हारा मुख बड़ा है दो मुखों जितना।
सुंदरता: तुम्हारे चुंबन हैं स्फूर्तिदायक नये खरबूजों से।

कुरूप: कहाँ छुपा दिया है तुमने अपने उरोजों को ?
वे नन्हे हैं दो छोटे डोल गेहूँ जैसे।
मैं देखना चाहूँगा, दो चंद्रमा तुम्हारे वक्ष पर,
दो उन्नत गर्वीले बुर्ज।

कुरूप: सागर के पास भी नहीं है, तुम्हारे पैर के अंगूठे जैसे नख,
सुंदरता: पुष्प से पुष्प तक, सितारे से सितारे तक, लहर से लहर तक,
ओ प्रिय, मैंने बनायी है सूची तुम्हारी काया की :

ओ कुरूपा, मैं करता हूँ प्रेम तुम्हारी सुवर्णा कटि के लिए ;
मेरी सुंदरी, तुम्हारे माथे पर पड़ने वाली संकुचन के लिए।
मेरी प्रिय, मैं करता हूँ प्रेम, तुम्हारी स्पष्टता और अंधेरे के लिए।

(२१)

यदि मेरे माध्यम से प्रेम, फैलाये अपना स्वाद !
बिना एक क्षण गवांये, बिना बसंत के !
जो दुख में बेंचे थे मैंने ये केवल अपने हाथ,
प्रियतमा - अपने चुंबनों के साथ लो मुझसे विदा।

बंद करो मुख का प्रकाश, अपनी सुगंध से ;
अपने केशों से बंद करो सभी द्वार।
केवल मत भूलना, यदि मैं जागूँ विलाप करते हुए
ऐसा है इसलिए क्योंकि स्वप्न में हूँ मैं एक खोया शिशु

रात्रि की पत्तियों से होकर तुम्हारे हाथों को खोजते हुए,
तुम्हारे गेहूँ समान दुलार के लिए
परछाई और ऊर्जा का कौंधता आह्लाद।

ओ मेरी प्रियतमा, कुछ भी नहीं, परन्तु परछाई है वहाँ
जहाँ तुम स्वप्न से होकर टहलती हो मेरे साथ :
तुम बताती हो मुझे प्रकाश के लौटने पर।

(२२)

ओ मेरी प्रिया, कितनी बार किया है तुम्हें प्रेम बिना देखे-
बिना स्मरण किये-बिना जाने, तुम्हारी दृष्टि को पहचाने
नीले किरात पुष्प सी प्रतिकूल स्थान पर, झुलसाती तप्त दोपहर में,
परंतु मैंने किया है मात्र गेहूँ की सुगंध से प्रेम।

संभव है मैंने कल्पना में देखा हो तुम्हें, अंगोल में
मद्य चषक उठाये, ग्रीष्म ऋतु के चंद्र प्रकाश में :
या तुम्हीं थी गिटार की कटि सी जिसे मैं बजाया करता था परछाइयों में,
जो गूँजता था एक उतावले जलधि जैसा ?

बिना जाने किया मैंने तुम्हें प्रेम; स्मरण करने के लिए खोजा।
तुम्हारी साम्यता को चुराने, बलपूर्वक प्रवेश किया घरों में,
यद्यपि मैं पहले से ही जानता था कि कैसी हो तुम।

और, अकस्मात जब तुम थीं मेरे संग मेरे स्पर्श करते ही हुआ मेरा जीवन रुद्ध :
मेरे समक्ष खड़ी तुमने, साम्राज्ञी जैसा कर लिया अधिराज्य ग्रहण :
जैसे अग्निस्नात में वन, और इसकी ज्योति है तुम्हारा अधिराज्य।

*अंगोल - चिल्लान के दक्षिण में, अराउको में, मलैको राज्य की राजधानी

(२३)

प्रकाश के लिए अग्नि, रोटी के लिए विद्वेषपूर्ण चंद्रमा
अपने आहत रहस्यों को लपेटे हुए चमेली :
तब प्रेम से पीड़ित, कोमल गोरे हाथों ने
उडेल दी शांति मेरी आँखों में और प्रकाश मेरी इंद्रियों में।

ओ प्रिया, तुमने कितनी शीघ्रता से निर्मित की
मधुर सुडौलता जहाँ रहे थे घाव !
तुमने किया प्रतिकार चंगुलों और पंजों के विरुद्ध, और अब
हम खड़े हैं एक जीवन होकर विश्व के समक्ष।

यह ऐसा ही था, ऐसा ही है, ऐसा ही रहेगा,
मेरे उग्र, मधुर प्रेम, मेरी प्रियतमा, मेटिल्डा,
जब तक समय नहीं करता संकेत दिवस के अंतिम पुष्प का :

तब वहाँ नहीं होगी तुम, न मैं न कोई प्रकाश,
और फिर भी धरा के परे, इसके धुंधलाते अंधकार में,
हमारे प्रेम की भव्यता रहेगी जीवित।

(२४)

प्रेम, प्रेम, उठते गये मेघ आकाश की मीनार तक
विजेता वस्त्र धोने वाली महिलाओं से, और यह सब
नील वर्ण में चमके, सभी एकल सितारे से,
सागर, पोत, दिवस, सभी हुए एक साथ निष्कासित।

आओ इस मौसम में पानी की चैरियों को देखो,
इस ब्रह्मांड की वृत्ताकार कुंजी जो है कितनी तीव्र :
आओ इस क्षणिक नीलेपन की अग्नि को करो स्पर्श,
इसकी पंखुड़ियों के बिखरने से पहले।

यहाँ कुछ नहीं है सिवा प्रकाश, मात्राओं और समूहों के,
हवा की अनुकंपाओं से खुला स्थान
जब तक कि यह स्वयं प्रगट नहीं करता झाग का अंतिम रहस्य।

इतनी अधिक नीलिमाओं के मध्य, दैवीय नीलिमा में डूबी नीलिमायें-
हमारी आँखें हो जाती हैं तनिक भ्रमित, वे कठिनता से कर पाती हैं विभाजित
वायु की शक्तियाँ, महासागर के रहस्य की कुंजियाँ।

(२५)

तुम्हें प्रेम करने से पहले, ओ प्रिया, कुछ भी नहीं था मेरा अपना :
मैं वस्तुओं के मध्य सड़कों पर रहा भटकता :
किसी का नहीं था महत्व न ही था उनका कोई नाम :
वायु से निर्मित था जगत, जो रहा प्रतीक्षारत।

जानता था मैं, राख से भरी कोठिरियों को,
उन सुरंगों को जिनमें चंद्रमा करता था वास,
अपरिष्कृत गोदामों को, जो गरजते हुए कह रहे थे दूर हो जाने को,
उन प्रश्नों को, जिनका आग्रह निहित है रेत में।

प्रत्येक वस्तु थी शून्य, मृत व मौन
गिरा हुआ, त्यागा गया और नष्ट हुआ :
अकल्पनीय रूप से विचित्र, यह सभी

किसी अन्य का था इन पर स्वामित्व या किसी का नहीं :
तुम्हारी सुंदरता ने मेरी दरिद्रता को
जब तक पतझड़ को भर नहीं दिया प्रचुर उपहारों से।

(२६)

न तो इक्वीक के टीलों का अद्भुत रंग,
न ग्वाटेमाला की रियो डुलसे नदी का प्रवेश द्वार :
किसी ने नहीं बदली है तुम्हारी, गेहूँ में दबी रूपरेखा,
न ही तुम्हारा द्राक्ष सा मांसल रूप, न ही तुम्हारा सितार सा मुख।

ओ मेरे, अपने हृदय, समस्त मौनता के पहले,
उलझी हुई लताओं द्वारा शासित ऊँची भूमि से
निर्जन प्लेटीनम के मैदानों तक :प्रत्येक शुद्ध परिदृश्य में
धरा ने निर्मित की है तुम्हारी प्रतिकृति।

किंतु पहाड़ों के लजाये हुए खनिज हाथों ने,
न ही तिब्बत की बर्फ ने, न ही पोलैंड के पत्थरों ने-
कोई भी परिवर्तित नहीं कर पाया तुम्हारा स्वरूप,
तुम्हारा यात्रा करता हुआ गेहूँ का दाना :

मानो मिट्टी, गेहूँ के खेत, सितार, या चिल्लान के फलों का समूह
समझते हैं तुममें भलीभांति अपना स्थान, असभ्य चंद्रमा की थोपकर चाह
वे संरक्षित करते हैं तुमसे अपना संबंध।

*इक्वीक - उत्तरी चिली का एक मत्स्याखेट व पर्यटन के लिए सुप्रसिद्ध शहर जहाँ सफेद रेत के मीलों लंबे शानदार बीच हैं।
* ग्वाटेमाला - देश का नाम
रियो डुलसे - ग्वाटेमाला की एक नदी

(२७)

निर्वस्त्र, तुम हो सहज अपने हाथों में एक सी,
स्निग्ध, धरा सी, नन्ही, पारदर्शी, वृत्ताकार :
तुम्हारे पास हैं चंद्रमा की लकीरें, सेब - गलियारे
निर्वस्त्र, तुम हो छरहरी एक नग्न गेहूँ के दाने सी।

निर्वस्त्र तुम हो क्यूबा की एक नीली रात्रि सी ;
तुम्हारे केशों में हैं लतायें और सितारे ;
निर्वस्त्र, तुम हो विस्तृत और पीत वर्णी
जैसे सुनहरे गिरजाघर में ग्रीष्म ऋतु।

निर्वस्त्र, तुम हो सूक्ष्म अपने नखों में एक सी-
घुमावदार, कोमल, गुलाबी, दिवस के प्रारंभ होने तक
और तुम लौट जाती हो पाताल लोक को,

मानो वस्त्रों और कार्यों की लंबी सुरंग के नीचे :
तुम्हारा स्पष्ट प्रकाश होता है मंद, पहनता पोशाक - गिराता अपनी पत्तियां -
और पुन: हो जाता है एक निर्वस्त्र हाथ।

*क्यूबा - देश का नाम

(२८)

प्रेम, बीज से बीज तक, ग्रह से ग्रह तक,
वायु अंधियारे से घिरे राष्ट्रों में अपने जाल के साथ,
युद्ध अपने रक्त से लथपथ पदत्राणों के साथ,
यहाँ तक कि काँटों भरी रात्रि संग दिवस।

जहाँ भी गये हम, द्वीप, पुल या राष्ट्रों में,
वहाँ थे गोली से सज्जित, भागते हुए पतझड़ के वायलिन ;
मदिरा पात्र की कोर पर गूंजती हुई प्रसन्नता ;
हमें रोकता हुआ दुख, अश्रुओं के पाठ के साथ।

सभी गणतंत्रों से होकर हवा की पड़ी मार -
इसके असभ्य गलियारे, इसके अत्यंत शीतल केश ;
बाद में, यह लौटायेगी पुष्पों को, उनके काम पर।

पर कभी किसी मुरझाते हुए पतझड़ ने, हमें नहीं किया प्रभावित।
हमारे स्थिर स्थान में एक प्रेम हुआ अंकुरित और पल्लवित:
सम्यक प्रकार से तुहिन कण सा सशक्त।

(२९)

तुम आती हो दरिद्रता से, दक्षिण के निकेतों से,
भूकंपीय व शीत के असमतल परिदृश्य से
जिसने हमें प्रदान किया-उन देवताओं ने,
मृत्यु की गोद में लुढ़काने के पश्चात -मिट्टी की आकृति में जीवन का पाठ।

तुम हो काली मिट्टी का नन्हा सा अश्व, काली मिट्टी का
एक चुंबन,मेरी प्रियतमा, एक मृण्मयी पोस्ता,
सांझ का कपोत जो उड़ा सड़कों के साथ साथ,
हमारे निर्धन शैशव से अश्रुओं का गुल्लक।

ओ नन्ही, तुमने समाहित की है अंतर की दरिद्रता,
तुम्हारे पैर अभ्यस्त हैं नुकीली चट्टानों के,
तुम्हारे मुंह को सदैव नहीं मिली रोटी और मिष्ठान्न।

तुम आती हो दरिद्र दक्षिण से, जहाँ जन्म लिया मेरी आत्मा ने ;
ऊँचे आकाश में तुम्हारी माँ अभी भी धो रही है वस्त्र
मेरी माँ के साथ, इसीलिये ओ साथी ! मैंने किया तुम्हारा चयन, साथी।

(३०)

द्वीप समूह के देवदार से सघन हैं तुम्हारे केश,
शताब्दियों के समय से निर्मित है तुम्हारी त्वचा,
नसें जो जानती हैं जंगल की इमारती लकड़ी के समुद्र,
स्मृति में आकाश से गिरा हरित रक्त।

कोई नहीं लौटा सकेगा, मेरे खोये हुए हृदय को
अपनी उन जड़ों से, जल पर फैली सूर्य की
द्विगुणित हुई स्फूर्त - तीक्ष्ण घूरती आँखों से।
जहाँ रहती है, वह परछाई जो नहीं करती है मेरा पीछा।

और इसीलिए तुम दक्षिण से एक द्वीप सी उठीं
पंखों और काष्ठ से घिरे और उनका मुकुट धारण किए :
मैंने तैरते हुए वनों की ली सुगंध,

मैंने पाया गुप्त मधु जिसे मैं जानता था जंगलों में ;
तुम्हारे नितंबों पर स्पर्श किया मैंने मलिन पंखुड़ियों को
जिन्होंने मेरे संग लिया था जन्म, जिनसे निर्मित हुई मेरी आत्मा।

(३१)

मेरी अस्थियों की नन्ही साम्राज्ञी, मैं पहनाता हूँ तुम्हें मुकुट
दक्षिण की चमकदार पत्तियों और लोटा की अजवाइन की पत्तियों का।
बिना मुकुट के नहीं चल सकता तुम्हारा काम, जिसे बनाया
धरा ने गुल मेंहदी और हरी पत्तियों से।

वह व्यक्ति जो तुम्हें करता है प्रेम, तुम आती हो हरित प्रदेशों से :
वहाँ से लाये हम वह मिट्टी जो दौड़ता है हमारे रक्त में।
हम शहर में भटकते हैं, अन्य देश के दुविधाग्रस्त, भयभीत लोगों के समान,
हमारे पहुँचने से पूर्व ही बंद हो चुकेगा बाजार।

प्रियतमा, तुम्हारी परछाई में सुगंध है आडुओं की ;
तुम्हारे नेत्रों के मूल अवस्थित हैं दक्षिण में ;
तुम्हारा हृदय है कपोत की आकृति में ढला मिट्टी का खिलौना।

तुम्हारी काया स्निग्ध है, जल में पत्थरों सी,
ओस से स्फूर्त फल के गुच्छों से हैं तुम्हारे चुंबन।
तुम्हारे समीप रहते हुए, मैं रहता हूँ धरा के समीप।

*लोटा - कोन्सेपसिओन राज्य के पेसीफिक में चिल्लान से पचास मील दूर एक शहर जो औषधीय प्रचुरता और कोयला खदानों के लिए विख्यात है।
टुमको के दक्षिण में अधिकांश चिली एक द्वीप समूह है।

(३२)

इस प्रभात - अपनी सच्चाइयों के साथ, यह घर हो गया ढेर,
कंबल और पंख, दिवस का प्रारंभ
पूर्व से ही है प्रवाह में - तैरता है नन्ही नौका सा
व्यवस्था और निद्रा के क्षितिजों के मध्य में।

वस्तुएँ चाहती हैं केवल स्वयं को घसीटना :
निशान, उत्क्रम माप अनुगामी, ठंडी धरोहरें।
कागज़ छुपाते हैं, अपने मुरझाये हुए स्वर ;
बोतल में रखी मदिरा, अधिक पसंद करती है, जारी रखना कल को।

किंतु तुम - जो रखती हो वस्तुओं को व्यवस्थित- टिमटिमाती हो
एक मधुमक्खी सी, अंधेरे में खोये हुए स्थानों को खोजते हुए :
तुम अपनी श्वेत ऊर्जा से, प्रकाश को जीतते हुए।

इस प्रकार तुम यहाँ निर्मित करती हो नवीन स्पष्टता,
जीवन वायु का अनुसरण करते, वस्तुएं करती हैं आज्ञा पालन :
और व्यवस्था स्थापित करती है इसकी रोटी, इसकी शांति।

सोनेट भाग- २
दोपहर

(३३)

प्रिया, अब हम जा रहे हैं उस घर में,
जहाँ लतायें करती हैं प्रतिस्पर्धा सलाखों से :
तुमसे पहले पहुँचेगी, जहाँ ग्रीष्म ऋतु,
अपने सुंदर सुगंधित पैरों से, तुम्हारे शयन कक्ष में।

हमारे यायावर चुंबन भटकते रहे सारे विश्व में :
आर्मेनिया, शहद का खोजा हुआ बड़ा टुकड़ा - :
सीलोन, हरा कपोत - :और अति पुरातन, धीर यांग सी
जो करती है पृथक दिन को रात से।

और अब, मेरी प्रियतमा, हम लौटते हैं
शोर करते समुद्र के पार अपनी दीवारों तक,
जैसे दूरस्थ बसंत में दो नेत्रहीन पंछी अपने घोसले की ओर :

किंतु बिना विश्राम उड़ता नहीं रह सकता प्रेम,
हमारे जीवन लौटते हैं दीवारों, समुद्री चट्टानों की ओर :
हमारे चुंबन लौटते हैं घर जहाँ से है स्थायी संबंध।

*१९५५-५६ में नेरुदा दम्पति सोवियत संघ, चीन सहित कई समाजवादी देशों, फ्रांस और इटली की यात्रा पर गए। अमेरिका की वापसी यात्रा के दौरान उन्होंने ब्राजील, उरुग्वे में अध्ययन किया और टोटोराल, कोरडोबा और अर्जेंटीना में कई माह बिताये।

(३४)

तुम हो सागर पुत्री, अजवाइन की प्रथम चचेरी बहन।
तैराक, तुम्हारी काया है, शुद्ध जल की तरह ;
पाक विशेषज्ञ, तुम्हारा रक्त है तीव्र मृत्तिका सा।
तुम करती हो जो कार्य हैं पुष्पों भरे, धरा से प्रचुर।

तुम्हारी आँखें पड़ती हैं जल पर और उठती हैं लहरें ;
तुम्हारे हाथ पड़ते हैं धरा पर, और फूलते हैं बीज ;
तुम जानती हो जल और पृथ्वी का सार,
तुममें संयुक्त है मृत्तिका के लिए सूत्र सा।

नैयाड ने काटी है फिरोजा के टुकड़ों में तुम्हारी काया,
वो खिलेगी पाक शाला में पुनर्जीवित होकर।
इस प्रकार बन जाती हो तुम, प्रत्येक वस्तु जो है जीवित।

और इसीलिए, अंतत:, तुम सो जाती हो, मेरी बाँहों के घेरे में
जो पीछे धकेल देते हैं परछाइयाँ ताकि तुम कर सको विश्राम -
शाक, समुद्री सिवार, जड़ी- बूटियां :हैं झाग तुम्हारे स्वप्नों के।

*नैयाड-ग्रीक पौराणिक गाथा में वर्णित झरनों, झीलों और नदियों की एक जलपरी

(३५)

तुम्हारा हाथ उड़ा, मेरी आँखों से दिन की ओर।
आया प्रकाश और खुल गया गुलाबों के बगीचे सा।
रेत और आकाश धड़क उठे, फिरोजा में खुदे हुए
एक अंतिम मधुमक्खी के छत्ते सा।

तुम्हारे हाथों ने स्पर्श किया, उच्चारण इकाइयों को, जो बज उठे घंटियों से,
स्पर्श किया प्यालों को, पीले तेल भरे पीपों को,
पुष्प पंखुड़ियों, झरनों और सबसे ऊपर, प्रेम को
प्रिया! तुम्हारे पवित्र हाथ ने संरक्षित किया कलछियों को।

दोपहर... थी, चुपचाप रात्रि सरकी
सोते हुए मनुष्य के ऊपर, इसका स्वर्गीय आवरण।
मधुचूष ने बिखेर दी अपनी उदास जंगली गंध।

और तभी फड़फड़ाया तुम्हारा हाथ, फिर से उड़ा वापिस :
उसने बंद कर लिए अपने पंख, जिन्हें मैं सोचता था खोये हुए
मेरी आँखों के ऊपर निगल लिया था अंधकार।

(३६)

मेरे ह्रदय, मधुमक्खी के छत्ते और बाड़े की साम्राज्ञी,
तार और प्याजों के नन्हे तेंदुए,
मुझे पसंद है देखना तुम्हारा लघु साम्राज्य,
झिलमिलाते हैं :तुम्हारे मोम, मदिरा और तेल के शस्त्र,

लहसुन, मिट्टी जो खोलती है तुम्हारे हाथों को,
वह नीला पदार्थ जो प्रज्जवलित होता है तुम्हारे हाथों में,
सलाद में स्वप्न का बसना,
बगीचे की नली में लिपटा हुआ सर्प।

तुम अपने हँसिये के साथ उठाती हो सुगंध,
तुम अपने. साबुन के झागों के साथ,
तुम चढ़ती हो मेरी दुर्बल सीढ़ियाँ और सोपान।

तुम लेती हो दायित्व : मेरे हस्त लेखन, उसकी विशेषताओं का,
यहाँ तक कि मेरी उत्तर पुस्तिकाओं में रेत कणों का - उन पृष्ठों में पाती हो
खोये हुए शब्दांश जो खोज रहे थे तुम्हारा मुख।

(३७)

ओ प्रिया, ओ विक्षिप्त सूर्य किरण और बैंगनी पूर्व सूचना,
तुम आती हो मेरे पास और चढ़ती हो शीतल सोपान,
वह दुर्ग जिसे समय ने पहनाया है धुन्ध का मुकुट,
बंद हृदय की पीली दीवारें।

किसी अन्य को नहीं होगा ज्ञात कि मात्र विनम्रता कर सकेगी इसे,
अपने पारदर्शी पदार्थों को शहर सा सशक्त बनाना ;
कि रक्त ने खोलकर उडेल दीं अपनी उदास सुरंगें,
किंतु प्रिया, उसकी शक्ति कभी न कर सकी शीत ऋतु पर नियंत्रण।

इसलिए तुम्हारा मुख, त्वचा, प्रकाश,
तुम्हारी अन्यमनयस्कता सभी थे जीवन की विरासत,
बारिश की वरदान स्वरूप भेंटें, एक प्राकृतिक जगत की

जो रखती और उठाती है गर्भित बीजों को,
मदिरा का गुप्त तूफान गोदामों में,
मिट्टी में अन्न की भभक।

(३८)

दोपहर में ध्वनित होता है तुम्हारा घर एक ट्रेन सा :
मधुमक्खियां भनभनाती हैं, बर्तन गाते हैं,
कोमल वर्षा ने क्या किया, उसे सूचीबद्ध करता है जल प्रपात,
तुम्हारी हँसी घुमाती है रसना को खजूर वृक्ष सी।

देहाती लड़के सा तार का समाचार गाते हुए आना,
दीवार का नीला प्रकाश करता है चट्टानों से वार्तालाप,
और वहाँ पहाड़ी चढ़ कर अंजीर वृक्षों के मध्य,
अपने हरित स्वर के साथ - शांत पदचाप से आता है होमर

यहाँ शहर का नहीं है कोई स्वर, न कोई मुख,
कुछ भी नहीं अनवरत, न वाद्य संगीत रचनायें, न चीखें, कार के हार्न यहाँ :
उसके स्थान पर जलप्रपातों और सिंहों का एक शांत मोरचा।

और तुम-जो उठती हो, गाती हो, दौड़ती हो, टहलती हो, झुकती हो,
पौधारोपण करती हो, सिलती हो, पकाती हो, प्रहार करती हो, लिखती हो, लौटती हो -
या जा चुकी हो तुम - ?- (तब मैं समझ जाऊँगा कि हो गई शरद ऋतु प्रारंभ)।

*होमर - सुप्रसिद्ध प्राचीन ग्रीक साहित्यकार जिसे इलियड और एनियड जैसे महान महाकाव्यों का रचयिता माना जाता है।

(३९)

किंतु मैं भूल गया कि तुम्हारे हाथों ने खिलाया जड़ों को,
उलझे गुलाबों को देते हुए जल,
जब तक कि खिलें तुम्हारी उंगलियों के निशान
पूरी तरह से, एक प्राकृतिक शांति में।

पालतू जानवरों से, तुम्हारा कुदाल और जल छिड़काव
कर सकते हैं तुम्हारा पीछा, काटते और चाटते हुए धरा को।
यह वही कार्य है कि तुम कैसे खुला छोड़ती हो समृद्धि को,
उन्मुक्त कार्नेशन पुष्प की सुर्ख ताजगी को।

मैं चाहता हूँ मधुमक्खियों सा प्रेम और सम्मान तुम्हारे हाथों के लिए,
मिलाते और फैलाते हुए अपनी पारदर्शी सोच भूमि में :
यहाँ तक कि वे जोतते हैं मेरा हृदय,

जिससे कि मैं हूँ एक झुलसी चट्टान सा
जो अकस्मात गाती है तुम्हारे समीप होने पर,
क्योंकि यह पीती है, तुम्हारा जंगल से लाया हुआ जल तुम्हारे स्वर में।

(४०)

वहाँ थी हरीतिमा, मौनता, भीगा हुआ था प्रकाश ;
जून माह सिहर कर काँपा तितली सा ;
और तुम, मेटिल्डा, गुजरीं दोपहर से होकर,
दक्षिणी क्षेत्रों, महासागर और प्रस्तरों से होकर।

तुम गई साथ लेकर लौह पुष्पों का जहाजी माल,
दक्षिणी हवा द्वारा कुचल कर त्यागा गया समुद्री सिवार,
किंतु संक्षारक लवण से चटखे, तुम्हारे हाथ हैं अब भी गोरे,
एकत्रित किया खिलते डंठलों को जो उगे रेत में।

मैं प्रेम करता हूँ तुम्हारी शुद्ध भेंटों से, साबुत पत्थरों सी तुम्हारी त्वचा से,
तुम्हारे नाखूनों, प्रसादों, तुम्हारी उंगलियों के प्रकाश में,
तुम्हारे समस्त प्रसन्नताओं से भरे मुख को।

ओह, मेरे घर में भूलभुलैया के अतिरिक्त, मुझे दो
उस मौनता को प्रताड़ित करती संरचना को,
रेत में भुलाये गये समुद्री गलियारों को।

(४१)
जनवरी मास है कठिन समय, जब उदास दोपहर
बनाती है अपना समीकरण आकाश में।
एक प्याले में मदिरा सी, एक कठोर सुवर्ण
भर देता है धरा को उसकी नीली सीमाओं तक।

मौसम का कठिन समय, नन्हे द्राक्षफलों सा
करते हुए आसवन कड़वाहट का,
दिवसों के छुपे हुए दुविधाग्रस्त अश्रु,
बढ़ जाते हैं समूहों में, बुरे मौसम द्वारा उन्हें आवरण हीन किये जाने तक।

हाँ-बीज, कीटाणु, और दुख, और प्रत्येक धड़कती वस्तु
जनवरी के प्रकाश की चरचराहट से डरी हुई
होगी परिपक्व, जलेगी, जैसे जल कर पकते हैं फल।

और हमारी समस्याएं टुकड़े टुकड़े होकर बिखरेंगीं,
आत्मा बहेगी वायु सी और यहाँ हम रहते हैं जहाँ
फिर से होगा सब स्वच्छ, मेज पर ताजी रोटी के साथ।

*जनवरी - दक्षिणी गोलार्ध में मध्य ग्रीष्म ऋतु काल है जब भीषण गर्मी के मौसम रहता है इसी प्रकार
अगस्त माह शीत ऋतु का अंत /बसंत का प्रारंभिक काल (१)और मार्च माह पतझड़ के लिए (१)

(४२)

जल पर लुढ़कते हुए चमकदार दिवस, एक पीली चट्टान के अंतर्भाग से तीव्र,
उसकी मधु सी भव्यता :
जो कि नहीं हुई अंतर्द्वन्द से क्षतिग्रस्त।
उसने बनाये रखी अपनी चौगुनी शुद्धता।

हाँ : अग्नि सा भड़कता है दिन का प्रकाश, या मधुमक्खियों सा,
अपने हरित कार्य में व्यस्त रहते हुए, स्वयं को पत्तियों में छुपा कर :
पर्ण समूह के ऊँचाई पर पहुँचने तक
एक चमकीला विश्व जो है झिलमिलाता और फुसफुसाता।

अग्नि की तृष्णा, झुलसन और ग्रीष्म की अधिकता,
जो निर्मित करती है कुछ हरी पत्तियों से एक ईडन - :
क्योंकि कलमुंही धरा नहीं चाहती सहना कष्ट ;

यह चाहती है स्फूर्ति - अग्नि, जल - रोटी प्रत्येक के लिए :
किसी को भी पृथक नहीं करना चाहिए लोगों को
सिवा सूर्य या रात्रि, चंद्रमा या शाखाओं के।

(४३)

मैं सभी में करता हूँ, तुम्हारे ही चिन्ह की खोज,
स्त्रियों की लहरदार तीव्र नदी में,
केश शिखाओं, लजाई सी डूबती हुई आँखों में,
हल्की पदचाप फिसलते झाग में तैरती हुई।

अकस्मात मैं समझता हूँ, पहचान सकता हूँ तुम्हारे नख-
दीर्घाकार, तीव्र, चैरी की चचेरी बहन - :
यह तुम्हारे केश ही हैं जो निकलते हैं पास से और मैं सोचता हूँ
मैं देखता हूँ तुम्हारी छवि, एक अलाव, जो जलता है जल में।

मैंने खोजा, किसी के पास नहीं थीं तुम्हारी लय,
तुम्हारा प्रकाश, छायादार दिन जो लायीं तुम वन से ;
किसी के पास नहीं थे तुम्हारे जैसे सूक्ष्म कान।

तुम हो संपूर्ण, सम्यक और जो भी हो तुम हो एकाकार,
और इसीलिए मैं चलता जाता हूँ, तैरता हूँ तुम्हारे साथ,
नारी सुलभ सागर की ओर जाती, विस्तृत मिससिप्पी को प्रेम करते हुए।

*मिससिप्पी - एक नदी

(४४)

ज्ञात होना चाहिए तुम्हें कि मैं नहीं करता हूँ तुम्हें प्रेम,
और करता हूँ तुम्हें प्रेम क्योंकि हर जीवित वस्तु के होते हैं दो पहलू ;
एक शब्द है मौनता का एक पंख,
अग्नि का दूसरा पक्ष होती है शीतलता।

मैं तुम्हें करता हूँ प्रेम, आरंभ करने के लिए प्रेम का,
फिर से प्रारंभ करने के लिए अनंतता
और कभी नहीं बंद करने के लिए तुमसे प्रेम :
इसीलिए अभी भी तुम्हें नहीं करता हूँ प्रेम।

मैं करता हूँ तुम्हें प्रेम, और नहीं करता हूँ तुम्हें प्रेम,
मानो मेरे नियंत्रण में हों कुंजियाँ, भावी आनंद की -
एक दुखद, मिश्रित भाग्य -

मेरे प्रेम के हैं दो जीवन, तुम्हें करने के लिए प्रेम :
इसीलिए मैं करता हूँ तुम्हें प्रेम, जब नहीं करता हूँ तुम्हें प्रेम,
और इसी कारण मैं जब भी करता हूँ, करता हूँ तुम्हें प्रेम।

(४५)

मत जाओ अधिक दूर, एक दिन के लिए भी,
क्योंकि - मैं नहीं जानता इसे कैसे कहूँ : सुदीर्घ है दिन
मैं करता रहूँगा तुम्हारी प्रतीक्षा, किसी खाली स्टेशन पर
जब किसी नियत स्थान पर खड़ी कर दी जाएगी ट्रेनें, सोते हुए।

मुझे मत छोड़ो, एक घंटे के लिए भी, क्योंकि
तब चिंता की छोटी छोटी बूंदे एक साथ दौड़ पड़ेंगी,
धुआं जो एक घर की तलाश में भटकता है
मुझमें समा जायेगा, रुद्ध कर मेरे हृदय को।

ओह ! तुम्हारी परछाई कभी न विलय हो तट पर ;
तुम्हारी पलकें कभी न झपकें निर्वात स्थान में।
मेरी प्रियतमा, कभी न छोड़ना मुझे एक पल के लिए,

क्योंकि उस क्षण तुम बहुत दूर तक चली जाओगी
मैं सारी पृथ्वी पर भटकता रहूँगा दिगभ्रमित सा, पूछते हुए,
क्या तुम लौटोगी ? या तुम मुझे छोड़ दोगी अकेला, मरने के लिए ?

(४६)

जिन सितारों की करता था मैं प्रशंसा,
हो गये शुष्क विभिन्न सरिताओं और कुहासों में,
मैंने केवल उसी का किया चयन जिसे करता था प्रेम।
तभी से सोता हूँ मैं रात्रि के साथ।

समस्त लहरों में एक लहर, और एक अन्य लहर,
हरा समुद्र, हरा शीत, हरित टहनियां,
मैंने चयनित की केवल एक ही लहर,
तुम्हारी काया की अविभाज्य लहर।

समस्त जल बूंदें, समस्त जड़ें,
मुझमें यहाँ एकत्रित प्रकाश के समस्त धागे ;
शीध्रता या विलंब से वे आये मेरे पास।

मैं चाहता था तुम्हारे केश,सभी मेरे स्वयं के लिए।
मेरी गृह भूमि द्वारा मुझे प्रदान की गई सारी कृपा से
मैंने चुना केवल तुम्हारा बर्बर हृदय।

(४७)

मैं देखना चाहता हूँ अतीत को और उसकी शाखों में तुम्हें,
धीरे धीरे परिवर्तित होते हुए तुम्हें फल में।
तुम्हारे लिए आसान था जड़ों से उगकर
पौधे के रस को शब्दश: गुनगुनाना

यहाँ बनोगी तुम पहले सुगंधित पुष्प,
बदलोगी चुंबन के सुडौल आकार में,
जब तक सूर्य और पृथ्वी, रक्त व आकाश, पूर्ण करें
तुममें, माधुर्य और आनंद के अपने वचन।

मैं शाखाओं में पहचान लूँगा तुम्हारे कुन्तल,
पत्तियों में परिपक्व होती तुम्हारी छवि,
पंखुड़ियों को मेरी प्यास के समीप लाते हुए,

और मेरा मुंह भर जायेगा तुम्हारे स्वाद से,
वह चुंबन जो उठा था धरा से
तुम्हारे रक्त के संग, एक प्रेमी के फल का रक्त।

(४८)

दो प्रमुदित प्रेमी बनाते हैं एक रोटी,
एकाकी चंद्रमा गिरता है घास में।
टहलते हुए वो निर्मित करते परछाइयाँ, जो तैरती हैं साथ ;
जागते हुए वे छोड़ जाते हैं रिक्त सूर्य अपनी शैय्या पर।

समस्त संभावित सत्यों में, उन्होंने चयनित किया दिन ;
उसे पकड़ा उन्होंने, रज्जुओं से नहीं वरन सुगंध से।
नहीं भंग किया शांति को :न ही बिखराये शब्द ;
उनकी प्रसन्नता है एक पारदर्शी स्तंभ।

पवन व सुरा रहती है प्रेमियों के साथ।
रात करती है उन्हें आह्लादित अपनी आनंदमयी पंखुड़ियों से।
होता है उन्हें समस्त प्रसन्नता रूपी पुष्पों पर अधिकार।

दो प्रमुदित प्रेमी, बिना अंत के, और मृत्यु रहित,
जीवित रहते हुए : वे लेते हैं कई बार जन्म, और पाते हैं मृत्यु,
स्वाभाविक रूप से अनंत होता है उनका जीवन।

(४९)

यह है आज का दिन : कल का सर्वस्व गया है फिसल
प्रकाश की उंगलियों और निद्रारत नयनों के मध्य से।
कल आयेगा अपने हरित कदमों से ;
कोई नहीं रोक सकता प्रभात की सरिता को।

कोई भी नहीं रोक सकता तुम्हारे हाथों रूपी नदी को,
तुम्हारी आँखों और उनींदेपन को, मेरी प्रियतमा।
तुम हो समय का कंपन, जो गुजरता है
लम्बवत प्रकाश और अंधियारे आकाश के बीच।

आसमान मोड़ लेता है तुम्हारे ऊपर अपने पंख,
तुम्हें उठाते हुए, ले जाते हुए मेरी बाँहों तक
अपनी नियमित, रहस्यमय उदारता के साथ।

इसलिए गाता हूँ मैं दिवस व चंद्रमा के लिए,
महासागर, समय व सभी नक्षत्रों के लिए,
तुम्हारे प्रतिदिन के स्वर और तुम्हारी रात की त्वचा के लिए।

(५०)

कोटापोस कहता है तुम्हारी हँसी उतरती है प्रस्तर की मीनार से
उतरते बाज सी। यह सच भी है :
आकाश की पुत्री, तुम काट देती हो विश्व को
और उसके हरित पर्णों को, अपने विद्युत प्रहार से।

यह गिरती है, करती है गर्जना : ओस की रसनायें,
जलों के हीरक, अपनी मधुमक्खियों सा उछलता है प्रकाश।
और वहाँ जहाँ लम्बी दाढ़ी सी रहा करती थी मौनता,
प्रकाश के नन्हे बम, सूर्य और तारे करते हैं विस्फोट,

नीचे उतरता है नभ, अपनी गहरी परछाई लिए रात्रि संग,
पूर्ण चंद्रमा में चमकती हैं घंटियाँ और कार्नेशन पुष्प,
काठी बनाने वालों के अश्व, दौड़ते हैं सरपट।

क्योंकि तुम अपनी तरह हो नन्ही सी, इसे फटने दो :
तुम्हारी हँसी के धूमकेतु से उड़ने दो :
प्राकृतिक वस्तुओं के नामों को करो प्रकाशित !

*कोटापोस - सेंटियागो में नेरुदा के मित्र, चिली के सुप्रसिद्ध संगीतकार व कहानीकार

(५१)

तुम्हारी हँसी : स्मरण कराती है मुझे एक वृक्ष का
जिसे चीर दिया गया रुपहले बज्रपात के तीव्र प्रहार द्वारा,
जो गिरता है आकाश से, विभाजित कर खंभे को,
अपनी कृपाण से काटते हुए वृक्ष को।

तुम्हारी हँसी जैसा मैं प्रेम लेता हूँ जन्म
केवल पत्तियों और पर्वतीय भू भागों में,
वायु की हँसी जो खुल कर फूटती है उन ऊँचाइयों में,
ओ सर्वप्रिय : औराकेशियन परम्परा के अनुरूप।

ओ मेरी पहाड़ी स्त्री, मेरे स्वच्छ चिल्लान के ज्वालामुखी,
परछाइयों से होकर, बिखेर दो अपनी हँसी।
रात्रि, प्रभात, दोपहर का मधु :

पत्तियों के पंछी उछल पड़ेंगे हवा में
जब तुम्हारी असाधारण प्रकाश सी हँसी
बाहर निकलकर आती है जीवन वृक्ष से होकर।

(५२)

तुम गाती हो, और तुम्हारा स्वर उतारता है छिलके
दिन के अन्न का, तुम्हारा अगीत रवि और नभ के संग,
अपनी हरित जिव्हाओं से बोलते हैं देवदार के तरु :
शरद ऋतु के सारे पंछी बजाते हैं सीटी।

महासागर भरता है अपना गोदाम पदचापों से,
घंटियों, श्रृंखलाओं, रिरियाहटों,
कलपुर्जों और नलिकापथ की खनखनाहट से,
चरमराते हैं, काफिलों के पहिये।

किंतु मैं केवल सुनता हूँ तुम्हारा स्वर, एक उत्साह
और शर की सूक्ष्मता से उड़ता है तुम्हारा स्वर,
यह गिरता है बारिश के गुरुत्वाकर्षण सा,

तुम्हारा स्वर बिखराता है, सबसे ऊँची कृपाणों को
और लौटता है वायलट पुष्पों के भाल के साथ :
यह आकाश में देता है मेरा साथ।

(५३)

यहाँ है रोटी - सुरा - टेबिल - घर :
एक पुरुष, और नारी, और जीवन की आवश्यकतायें।
चक्कर काटती हुई शांति यहाँ हो गई है स्थिर :
इसे प्रकाशित करने के लिए, प्रज्जवलित रही अग्नि।

स्वागत है तुम्हारे दोनों हाथों का, जो उड़ते हैं और
निर्मित करते हैं श्वेत रचनायें, गाना और भोजन :
सुनो ! तुम्हारे व्यस्त पैरों की संपूर्णता ;
दीर्घायु हो ! नर्तकी जो करती है बुहारी संग नृत्य।

वो जल और विपत्तियों की खतरनाक असमतल नदियाँ,
यातना पूर्ण झाग के मण्डप,
आग भड़काने वाले भीड़ भरे स्थल और चट्टानें :

आज ये ही हैं सांत्वना दायक, तुम्हारे रक्त में मेरा रक्त,
यह मार्ग, सितारों भरा और रात सा नीला,
यह कभी समाप्त न होने वाली सादगीपूर्ण कोमलता।

सोनेट भाग-३
सायंकाल

(५४)

आलोकित मस्तिष्क, प्रकाशमान शैतान
पूर्ण गुच्छों का, खरी दोपहर का - :
अन्तत: हम हैं यहाँ, एकाकी, बिना निर्जनता के,
असभ्य शहर के उन्माद से दूर।

जैसे शुद्ध रेखा वर्णित करती है कपोत की वक्रता,
जैसे अग्नि सम्मानित और पोषित करती शांति को,
इसलिए मैंने और तुमने बनाया है यह स्वर्गीय प्रतिफल।
मस्तिष्क और प्रेम रहते हैं इस सदन में नग्न।

भयावह स्वप्नों, तिक्त निश्चितता की सरितायें,
एक हथौड़े के स्वप्नों से अधिक कठोर निर्णय
बह कर आ गये प्रेमियों के दो प्यालों में,

जब तक कि मस्तिष्क और प्रेम, दो पंखों जैसे,
सन्तुलन स्थापित होने तक तुला पर : उठा न लिये गये-
इस प्रकार निर्मित हुई पारदर्शिता।

(५५)

काँटे, टूटे शीशे, रुग्णता, चीत्कार : दिन भर
उन्होंने शहद सी मधुर संतुष्टि पर किया प्रहार।
न स्तंभ, न ही दीवारें, न ही गुप्त गलियारे होते सहायक।
सोने वालों की शांति से होकर रिसती है समस्या।

संताप उमड़ता है, कम होता, पास आता है, अपने गहरे प्रभावों के साथ,
इस अंतहीन गति के बिना नहीं रह सकता कोई ;
बिना इसके न होगा जन्म, न सरंक्षण, न सीमा।
यह होता है घटित: हमें ही देना होता है हिसाब।

प्रेम में संकुचित हुए नयन, नहीं होते सहायक,
न ही कोमल शैय्या होती दूर, महामारी ग्रस्त से,
उस विजेता से जो बढ़ाता है हर पग, अपने ध्वज के साथ।

क्योंकि जीवन स्पंदित है तिक्तता, अथवा स्रोतस्विनी सा :
यह खोलता है एक रक्त भरी सुरंग जहाँ से घूरती हैं हमें आँखें,
एक विशाल और दुखी परिवार की आँखें।

(५६)

मेरे पीछे परछाई देखने की, हो जाओ अभ्यस्त
स्वीकार करो कि तुम्हारे हाथ उभरेंगे, विद्वेष से स्वच्छ होकर
मानो वे नदी के सवेरे में हुए हों निर्मित।
मेरी प्रिय, लवण ने दिया है तुम्हें पारदर्शी अनुपात।

ईर्ष्या पाती है कष्ट, होती है समाप्त, थका देते हैं उसे मेरे गीत ;
एक एक कर इसके दुखी नायक रहते हैं चिंतित और पाते हैं मृत्यु,
मैं कहता हूँ प्रेम, और यह जग भर जाता है, कपोतों से।
मेरा प्रत्येक शब्दांश होता है बसंत के आगमन में सहायक।

तब तुम हो वहाँ - खिली हुई, मेरे हृदय, मेरी सर्वप्रिय :
मेरी आँखों पर आकाश की पत्तियों सी,
तुम हो वहाँ, मैं देखता हूँ तुम्हें, धरा पर लेटे हुए।

मैं देखता हूँ सूर्य को लाते हुए अपनी कलिकायें तुम्हारे मुख पर ;
दैवीय लोकों को देखता हुआ पहचान लेता हूँ तुम्हारी पदचाप।
ओ मेटिल्डा, मेरी प्रिय, शोभा के मुकुट, स्वागत है !

(५७)

वो झूठे हैं जो कहते हैं कि मैंने खो दिया है चंद्रमा,
जिन्होंने भविष्य वाणी की है मेरे लिए सार्वजनिक रेगिस्तान के समान भविष्य की,
जिन्होंने अपनी भावना शून्य जिव्हाओं से की है अत्यधिक चर्चा:
उन्होंने किया ब्रह्माण्ड के पुष्प को प्रतिबंधित करने का प्रयास।

"तीव्र स्वाभाविक मत्स्यकन्यायें", तृणमणि, हो गयी है समाप्त
उसके पास हैं केवल लोग। "
और उन्होंने कुतर डाला अपने अनवरत अभिलेखों को
उन्होंने विस्मृति का षड्यंत्र रचा मेरे सितार के लिए।

किंतु मैंने उछाल दिये - हा, चकाचौंध करते भाले, उनकी आँखों में !
अपने प्रेम के - तुम्हारा और मेरा ह्दय भेदन करते हुए।
मैंने एकत्रित किए तुम्हारी पदचापों द्वारा छोड़े गए चमेली के पुष्प।

मैं खो गया रात्रि में बिना तुम्हारी
नयन पुतलियों के प्रकाश के, और जब घेर लिया रात ने मुझे
मेरा हुआ पुन: जन्म : मैं था अपने स्वयं के अंधकार का स्वामी।

*झूठे - १९०५ में साहित्य जगत में नेरुदा की अपनी प्रारंभिक काल की अति यथार्थवादी कविता त्यागने और लोकप्रिय राजनीतिक घोषणा परक कविताओं को लिखने के लिए घोर आलोचना हुई।

(५८)

साहित्यिक लोहे की कृपाणों के मध्य
मैं भटकता हूँ विदेशी सैलानी सा, जो नहीं जानता
सड़कें, या उनके कोंण, और वह गाता है क्योंकि
यह ऐसा ही है, क्योंकि यदि वह नहीं फिर और क्या है वहाँ ?

तूफानी द्वीप समूहों से मैं लाया
अपना हवाई वाद्य यंत्र, बारिश की उन्मत्त लहरें,
प्राकृतिक वस्तुओं का स्वाभाविक धीमापन :
उन्हीं ने बनाया मेरा हृदय निर्जन।

और इसलिए जब साहित्य के नन्हे नुकीले दाँत
झपटे मेरी ईमानदार ऐडियों पर, मैं चला गया
बिना संदेह किये, हवा के संग गाता हुआ,

मेरे बारिश भरे बचपन के पोत गाह की ओर,
अवर्णनीय दक्षिण के शीतल वनों की ओर,
वहाँ की ओर जहाँ मेरा हृदय भर गया तुम्हारी सुगंध से।

(५९)
(जी. एम.)

बेचारे दुर्भाग्यशाली कवि : जिनका जीवन और मृत्यु
गहरी जिद के साथ करते हैं, उत्पीड़न,
घोंट दिये जाते हैं गले, मूर्खतापूर्ण दिखावे में,
रिवाजों के प्रति समर्पित, दाँतों भरी गलथैली सी शवयात्रा में।

अब पत्थर के टुकड़ों की तरह अज्ञात, कवि
खींचे जाते हैं अहंकारी अश्वों के पीछे,
बिना शांति के सोने के लिए,
अंत में अपने चाटुकारों संग, आक्रांताओं से होते नियंत्रित -

तब, निश्चित रूप से मृतक, जो मृत हैं, सदा के लिए,
मनाते हैं अपनी अंत्येष्टि पर दयनीयता का मृत्यु भोज
टर्की, और सुअरों, व अन्य वक्ताओं के साथ।

वे उसकी मृत्यु को कर विनष्ट,अब करते हैं कलंकित-
परंतु केवल इसलिए क्योंकि उसका मुंह है बंद :
वह गीत गाकर अब और नहीं कर सकता प्रतिरोध।

*गेब्रियेला मिस्ट्राल - १९४५ में साहित्य के लिए नोबेल पुरस्कार विजेता जो टुमको के एक स्कूल में हेड मिस्ट्रेस थी जब नेरुदा वहाँ पले बढ़े। बाद में दोनों में मित्रता हुई।

(६०)

जो चाहते थे मुझे आहत करना, चोटिल किया तुम्हें,
और गुप्त विष की खुराक जो थी मेरे लिए
एक जाल की तरह मेरे कार्य से होकर गुजरती है-
किंतु छोड़ जाती है अपनी जंग का दाग और अनिद्रा तुम्हारे लिए।

मैं नहीं करना चाहता घृणा जिसने मुझे नष्ट किया, प्रिय
तुम्हारे ललाट पर पल्लवित चाँद को ढकने के लिए ;
मैं नहीं करना चाहता बिना सोचे समझे मूर्खतापूर्ण विद्वेष
तुम्हारे सपनों पर छुरियों का ताज गिराने के लिए।

कड़वी पदचाप करती है मेरा पीछा ;
एक भयंकर विकृति करती है मेरी मुस्कुराहट का उपहास,
ईर्ष्या थूकती है श्राप, खिलखिलाती, किटकिटाती है दाँत मेरे गाने पर।

और वह प्रेम है एक परछाई जो मिली है मुझे जीवन से :
एक खाली सूट कपड़ों का, करता है मेरा पीछा,
एक बिजूका की तरह लंगड़ाते हुए, निर्दयी मुस्कान के साथ।

(६१)

प्रेम ने खींची अपनी पीड़ा की दुम,
उसके पीछे स्थिर काँटों की कतार,
और हमने बंद कर ली आँखें, जिससे कुछ नहीं,
जिससे कि कोई घाव हमें न कर सके विभाजित।

यह विलाप, यह नहीं है तुम्हारे नेत्रों का दोष ;
तुम्हारे हाथों ने नहीं डुबोया, उस तलवार को ;
तुम्हारे पैरों ने नहीं खोजा था यह मार्ग ;
इस मलिन मधु ने पा ली अपनी राह, तुम्हारे हृदय तक।

जब प्रेम एक विशाल लहर सा
ले गया हमें, कुचल दिया हमें प्रस्तर शिला से,
इसने पीस दिया हमें एक एकाकी आटे में ;

लावण्यमयी मुखड़ा : यह दुख परिवर्तित हुआ दूसरे दुख में
इस प्रकार प्रकाश के मुक्त मौसम में
यह घायल बसंत काल हुआ धन्य।

(६२)

दुख हूँ मैं, दुख है हम, मेरी प्रियतमा :
हम चाहते थे केवल प्रेम, एक दूसरे को प्रेम करना,
किंतु इतने सारे दुखों के बीच, यही लिखा था भाग्य में कि
हम दोनों ही केवल होंगे अत्यधिक आहत।

हम चाहते थे "तुम" और "मैं" हमारे लिये,
एक चुंबन का "तुम" एक पवित्र रोटी का "मैं" :
और यह ऐसे ही हुआ, असीम सरल,
जब तक कि आयी घृणा खिड़की से होकर।

वे करते हैं घृणा, जो नहीं करते थे प्रेम
हमारा प्रेम, नहीं किसी और का प्रेम, वे लोग,
एक खाली कमरे की दुर्भाग्यशाली कुर्सियों से -

जब तक कि वे परिवर्तित हुए भस्म में,
जब तक कि उनके अमांगलिक चेहरे
विलुप्त हो गये मंद सांझ में।

(६३)

मैं चला : न केवल बंजर भूमि में, जहाँ है नमक की चट्टान,
एक मात्र गुलाब सी, एक पुष्प जो दबा है सागर में -
बल्कि बर्फ खोदती आयीं नदियों के किनारे पर भी ;
ऊँची नुकीली पर्वत श्रृंखलाओं ने अनुभव की मेरी पदचाप भी :

मेरे जंगली गृह राज्य के उलझे हुए, सीटी बजाते क्षेत्र,
लियाना लतायें जिनके घातक चुंबन आबद्ध हैं जंगल से,
कंपन को परे कर : भीगे पंछी की जो उठती है चीख,
ओ लुप्त दुख और कठोर अश्रुओं के क्षेत्र !

ताँबे की विषैली त्वचा, फैला हुआ शोरे के तेजाब का फैला हुआ नमक एक मूर्ति सा,
टुकड़े - टुकड़े हुआ बर्फीला : वे मेरे हैं लेकिन केवल वे ही नहीं,
बगीचे, मकोय, जैसे बसंत के उपहार भी,

वे मेरे हैं, मैं उनका हूँ, एक काले अणु सा
बंजर भूमि में, द्राक्षफलों पर पतझड़ के प्रकाश सा,
इस धातु के गृह नगर में, बर्फ की मीनारों द्वारा उठाया गया।

(६४)

अत्यधिक प्रेम से बैंगनी रंग में रंगा है मेरा जीवन, और
मैं मुड़ गया अव्यवस्थित ढंग से, अंधे पंछी सा
जब तक मैं पहुँचा तुम्हारी खिड़की पर, मेरी मित्र :
तुमने सुनी भग्न हृदय की फुसफुसाहट।

वहाँ परछाइयों से उठा मैं, तुम्हारे वक्ष तक :
बिना अस्तित्व के या जाने, मैं उड़ा गेहूँ की मीनारों तक,
तुम्हारे हाथों प्राप्त हुआ मुझे जीवन,
मैं सागर से उठा तुम्हारी प्रसन्नता तक।

प्रिये, कितना ऋण है तुम्हारा मुझ पर, नहीं कर सकता कोई गणना
मुझ पर तुम्हारी देनदारी है तरल, यह है अराउको के मूल सी,
जिसके लिए मैं हूँ तुम्हारा ऋणी, प्रिये।

निश्चित ही, यह एक सितारे सा है जो सब मेरा देय है तुम्हें,
जो तुम्हारा ऋण चुकाना है मुझे, है एक कुएँ सा निर्जनता में
जहाँ समय रखता है दृष्टि भटकती हुई तडित पर।

(६५)

मेटिल्डा, कहाँ हो तुम ? मैंने दिया ध्यान,
मेरी नेकटाई के नीचे और हृदय से ठीक ऊपर,
पसलियों के मध्य में दुख की निश्चित लहर,
तुम चली गईं इतनी शीध्रता से।

मुझे आवश्यकता थी तुम्हारी ऊर्जा की,
आशा को निगलते हुए मैंने देखा चारो ओर।
मैंने देखा शून्य को तुम्हारे बिना, जो है एक घर सा,
कुछ भी शेष न रहा, दुखद खिड़कियों के सिवा।

पूर्ण निस्तब्धता से सुनती है छत
प्राचीन पर्ण विहीन बारिश के गिरने को,
पंखों को, उस सबको जिसे रात्रि ने किया निरुद्ध :

इसलिए मैं करता हूँ तुम्हारी प्रतीक्षा, एक निर्जन घर सा
जब तुम मुझे दोबारा देखोगी और वास करोगी मुझमें।
तब तक पीड़ा सहेंगी मेरी खिड़कियाँ।

(६६)

मैं नहीं करता हूँ तुम्हें प्रेम - सिवा क्योंकि मैं करता हूँ तुम्हें प्रेम ;
मैं प्रेम करने से लेकर, तुम्हें प्रेम न करने तक चलता हूँ,
तुम्हारी प्रतीक्षा करने से प्रतीक्षा न करने तक
मेरा हृदय बढ़ता है शीत से अग्नि में।

मैं केवल तुम्हें करता हूँ प्रेम, क्योंकि यह तुम हो
मैं करता हूँ प्रेम ; मैं करता हूँ तुम्हें असीम घृणा और घृणा करते हुए
मैं झुक जाता हूँ तुम तक, और मेरे तुम्हारे प्रति बदलते प्रेम की माप
यह है कि मैं नहीं देखता हूँ तुम्हें, किन्तु करता हूँ अंधवत प्रेम।

संभवत: जनवरी का प्रकाश खा जायेगा
मेरे हृदय को अपनी निर्दयी किरण से,
सच्ची शांति तक पहुंचती मेरी कुंजी चुराते हुए।

कहानी के इस भाग में, मैं हूँ वह जो होता है मृत,
केवल एकमात्र, और मैं मरूँगा प्रेम के कारण, क्योंकि करता हूँ तुम्हें प्रेम,
क्योंकि प्रिया, करता हूँ मैं तुम्हें अग्नि में, रक्त में प्रेम।

(६७)

दक्षिण से जोरों की बारिश होती है इस्ला नेग्रा में
एक बूँद सी चमकदार और भारी,
सागर खोल देता है शीत पर्ण और करता है ग्रहण इसे,
धरा सीखती है कैसे परिपूर्ण होता है मदिरा पात्र।

भीगा है इसका भाग्य। तुम्हारे चुंबनों में, मेरी आत्मा, जल दो मुझे,
इन महीनों में हुआ है जो नमकीन, खेतों का मधु,
आकाश के हजारों होंठों से भींगी सुगंध,
शीत ऋतु में सागर का पवित्र धैर्य।

कोई पुकारता है हमें, स्वत: खुल जाते हैं सभी द्वार,
बारिश दोहराती है अपनी अफवाह गवाक्षों तक,
आकाश बढ़ता है नीचे की ओर जड़ों को छूने तक :

इस प्रकार दिन बुनता और उधेड़ता है अपना दैवीय जाल,
समय, लवण, फुसफुसाहट, वृद्धि, सड़कों के साथ,
एक नारी, एक पुरुष और शीत ऋतु धरा पर।

(६८)
(फिगरहेड आफ ए शिप)

लकड़ी से निर्मित कन्या, यहाँ नहीं आयी स्वयं के पैरों पर ;
अकस्मात दिखी थी वह तट पर, बैठी हुई पत्थरों पर,
पुराने सागरीय पुष्पों से सुशोभित उसका शीश,
जड़ों की उदासी सी उसकी अभिव्यक्ति।

वह ठहरी वहाँ, निहारते हुए हमारे मुक्त जीवन को,
चलने, होने और जाने और आने में धरा पर,
जैसे ही मंद हुई दिवस की क्रमिक पंखुड़ियाँ। उसने देखा
हमें अनदेखा करते हुए, लकड़ी से निर्मित कन्या :

प्राचीन लहरों का मुकुट धारण कर, उसने देखा
नष्ट हुए पोत सी अपनी आँखों से।
उसे हुआ ज्ञात कि हम रहते हैं दूरस्थ जाल में,

काल, जल, लहरों, शोर और बारिश के,
बिना जाने हुए यदि हमारा है अस्तित्व, या यदि हम हैं उसका स्वप्न।
यह कथा है एक लकड़ी से निर्मित कन्या की।

फिगरहेड - नेरुदा को पुराने पानी के जहाजों के अग्र भाग की निर्मित मूर्ति
(कल्पित सरदार) को एकत्रित करने का शौक था

(६९)

संभवत: तुम्हारी अनुपस्थिति ही होना है शून्यता का,
तुम्हारे बिना हिले, दोपहर को काटना
एक नीले पुष्प सा, बिना तुम्हारे टहले
धुंध और पत्थरों से होकर बाद में,

बिना प्रकाश को ले जाते हुए तुम अपने हाथ में,
सुनहरा, जो देख नहीं पायेंगे अन्य लोग संभवत:,
जिसे नहीं जानता था कदाचित् कोई
बढ़ता हुआ एक गुलाब पुष्प के प्रारंभिक काल सा।

संक्षेप में तुम्हारी उपस्थिति के बिना : अकस्मात बिना आये तुम्हारे,
उत्सुकता से जानने, मेरे जीवन को
एक गुलाब की झाड़ी का झोंका, वायु का गेहूँ :

तब से मैं हूँ, क्योंकि तुम हो,
तब से तुम हो, मैं हूँ, हम हैं,
और प्रेम के माध्यम से होऊँगा मैं, तुम होओगी, हम होंगे।

(७०)

संभवत: - यद्यपि नहीं बहता मेरा रक्त- मैं हूँ घायल,
तुम्हारे जीवन की किरणों में से एक के साथ चलता हुआ।
वन के मध्य में जल रोक लेता है मुझे,
बारिश जो गिरती है अपने आकाश के साथ।

तब मैं स्पर्श करता हूँ गिरे हुए हृदय का, बरसते हुए :
मैं जान जाता हूँ कि वहाँ थी तुम्हारी आँखें
जिन्होंने मुझे कर दिया विदीर्ण, और मेरे दुख के विशाल आंतरिक क्षेत्रों को,
और केवल एक परछाई की फुसफुसाहट होती है प्रतीत,

कौन है यह ? कौन है यह ? किंतु नहीं है इसका कोई नाम,
पत्ती या मलिन जल क्यों गिरता है है जंगल के मध्य,
बहरे मार्गों के साथ :

इसीलिए, मेरी प्रियतमा, मुझे ज्ञात था कि मैं था घायल,
और वहाँ किसी ने नहीं कहा सिवा परछाइयों के,
भटकती हुई रात्रि, बारिश के चुंबन ने।

(७१)

दुख से दुख तक, प्रेम पार करता है अपने द्वीप,
यह स्थापित करता है, अपनी अश्रु सिंचित जड़ें,
और कोई नहीं - कोई नहीं - बच सकता है हृदय की गति से
जो कि दौड़ता है शांत और मांसभक्षी सा।

तुम और मैं खोजते रहे एक विस्तृत घाटी को, अन्य ग्रहों के लिए
जहाँ लवण स्पर्श नहीं करेगा तुम्हारे केशों को,
मेरे कुछ करने से, वहाँ दुखों में नहीं हुई वृद्धि,
जहाँ रह सकती थी रोटी, और नहीं होती पुरानी।

विचारों और पर्ण समूह से जुड़ा हुआ एक ग्रह,
एक मैदान, एक चट्टान, कठोर और अनधिकृत :
हम निर्मित करना चाहते थे एक सशक्त नीड़

हमारे स्वयं के हाथों से, बिना चोट, हानि या भाषण के,
किंतु ऐसा नहीं था प्रेम : प्रेम था एक उन्मत्त शहर
लोगों की भीड़, अपने बरामदों में डकारते हुए।

(७२)

मेरी प्रिये, शरद ऋतु लौटती है अपने फौजियों के घर,
धरा नियत करती है अपने पीले उपहारों को,
और हम दुलारते हैं दूरस्थ भूमि को,
थपथपाते हुए धरा के केश-

छोड़ने के लिए ! अब ! जाओ : पहियों, पोतों, घंटियों
अनंत दिवस प्रकाश द्वारा तीव्र किये गये वायुयानों
द्वीप समूह की वैवाहिक गंध की ओर,
आनंद के अनुदैर्ध्य अन्न !

आओ हम चलें - उठो - अपने केशों को संभालो -
उड़ान भरो और उतरो, दौड़ौ और गाओ मेरे और हवा संग :
आओ हम पकड़ें ट्रेन अरब या टोकोपिला के लिए।

तैरते हुए एक दूरस्थ पराग कण से :
वस्त्र खंडों और पापड़ा की भेदती हुई भूमि की ओर,
पद त्राण रहित, क्रोधित सम्राट द्वारा जो है शासित।

*टोकोपिला-उत्तरी राज्य अंटोफा - गास्ता का एक बंदरगाह

(७३)

संभवत: तुम्हें स्मरण हो वह उस्तरे सा चेहरा लिए व्यक्ति
जो ब्लेड की तरह अंधकार से निकला
और - हमारे समझने के पहले - जान गया क्या था वहाँ :
उसने देखा धुँआ और निकाला निष्कर्ष अग्नि का।

काले बालों वाली एक पीत वर्णा नारी
एक मत्स्य सी उठी रसातल से,
और उन दोनों ने मिलकर किया निर्मित एक यंत्र,
दाँतों से सुसज्जित प्रेम के विरुद्ध।

नर और नारी, उन्होंने गिराये पर्वत और बागान,
वो नीचे गये नदियों तक, वे चढ़े दीवारों पर,
उन्होंने फहराया नृशंस तोपखाना पहाड़ी पर।

तब प्रेम ने जाना, यह कहा जाता था प्रेम।
और जब मैंने तुम्हारे नाम उठायीं अपनी आँखें,
अकस्मात तुम्हारे हृदय ने दिखलाया मुझे मेरा मार्ग।

(७४)

अगस्त माह के जल से गीली सड़क,
चमकती है मानो जैसे काटी गई हो पूर्ण चंद्रमा से,
एक सेब का पूर्ण प्रकाश,
पतझड़ के फल के मध्य भाग से होकर।

कोहरा, अंतरिक्ष या आकाश, दिवस का अस्पष्ट जाल
शीतल स्वप्नों, कोलाहल, मत्स्य से होता है पूरित,
द्वीपों की वाष्प, युद्ध रत रहती है भूमि के विरुद्ध,
चिली के प्रकाश में थरथराता है सागर।

प्रत्येक वस्तु है सान्द्र एक धातु सी, छुपती हैं पत्तियाँ,
शीत ऋतु छुपाती है अपनी वंशावली,
और हम हैं केवल अंधे, अंतहीनता तक एकाकी।

मौन सेतु के मात्र आधीन
गति, विदा, प्रस्थान, सड़क के :
अलविदा, प्रकृति के झरते हैं अश्रु।

(७५)

यहाँ हैं घर, महासागर, पताका।
हम लंबी सीमाओं पर हैं भटकते।
हमें नहीं मिलता है द्वार, न ही ध्वनि
हमारी अनुपस्थित की - मानो हों मृत।

अंतत: घर खोलता है अपना मौन,
करते हैं हम प्रवेश, त्यागी गयी वस्तु पर रखते पाँव,
मृत चूहे, रिक्त विदाई समारोह,
वह जल जो रोया था नलिकाओं में।

यह रोया, घर - रोया, रात्रि और दिवस ;
यह रिरियाया मकड़ियों के साथ, खुला,
फिर गिर कर बिखरा, अपनी अंधकारमयी आँखों के संग-

और अब, अकस्मात, हम लौटाते हैं इसे जीवन,
हम होते हैं स्थापित, और यह नहीं पहचान पाता हमें :
इसे होना है विकसित पर विस्मृत कर गया है कि कैसे।

(७६)

एक रीछ का धैर्य लिए, डियेगो रिवेरा
खोजता रहा रंग के माध्यम से जंगल का मरकत,
या सिंदूर, रक्त का आकस्मिक पुष्प ;
तुम्हारे चित्र में एकत्रित किया उसने विश्व का प्रकाश।

उसने चित्रित की शाही वस्त्र में आवृत्त तुम्हारी नासिका,
तुम्हारे नेत्रों की दाम्भिक चमक,
तुम्हारे नख जो प्रज्जवलित करते हैं चंद्रमा की ईर्ष्या,
और, तुम्हारी तप्त त्वचा में तुम्हारे खरबूज सा मुख।

उसने प्रदान किए तुम्हें पिघले हुए ज्वालामुखियों के दो सिर,
अग्नि, प्रेम, तुम्हारी अराउकन वंशावली के लिए,
और मिट्टी के दो सुनहरे चेहरों पर

उसने आवृत्त किया तुम्हें, पवित्र अग्नि के शिरस्त्राण से :
वहाँ गुप्त रूप से, ठहर गईं मेरी आँखें,
उलझ कर तुम्हारे पूर्ण और सुदीर्घ केशों में।

*डियेगो रिवेरा - विख्यात मेक्सिकन चित्रकार

(७७)

आज का दिन है आज, गत समय के समस्त भार सहित,
होने वाले समस्त कल के पंखों के साथ ;
आज है दक्षिण का सागर, जल की वृद्धावस्था,
एक नये दिवस की संरचना।

तुम्हारे मुख पर एकत्र हुईं, समाप्त दिवस की पंखुड़ियाँ
उठीं प्रकाश तक या चंद्रमा तक,
और बीता कल आता है अंधियारे मार्ग पर, अपनी दुलकी चाल से
इसलिए हम स्मरण कर सकते हैं तुम्हारा वह चेहरा जो हुआ मृत।

आज बीता कल और आगामी कल होते हैं व्यतीत,
निगले गये, जलते हुए बछड़े जैसे खा लिए गए हों एक ही दिन में ;
हमारे पशु करते हैं प्रतीक्षा अपने गिने चुने दिनों के साथ,

किंतु तुम्हारे हृदय में समय ने छिड़का अपना आटा,
मेरी प्रिया ने निर्मित की टेम्को की मिट्टी से एक भट्टी
तुम मेरी आत्मा की हो नियमित रोटी (खुराक)।

(७८)

मेरे पास दोबारा कोई नहीं है, 'कभी नहीं' है, मेरे पास 'सदैव' नहीं है
रेत में विजय ने छोड़े हैं अपने पदचिन्ह।
मैं हूँ ऐसा निर्धन व्यक्ति जो चाहता है करना साथियों से प्रेम,
नहीं जानता कौन हो तुम, बस करता हूँ प्रेम, मैं न ही देता और बेचता हूँ काँटे।

संभवत: किसी को पता चलेगा कि मैंने रक्त खींचने के लिए नहीं बुने ताज ;
मैं लड़ा उपहास के विरुद्ध ;
मैंने आत्मा के उच्च ज्वार को भरा सत्य से,
मैंने नीचता के बदले लौटाये कपोत।

मेरे पास 'कभी नहीं' नहीं है, क्योंकि मैं था भिन्न -
भिन्न हूँ और सदा ही भिन्न रहूँगा।
मेरे सतत परिवर्तनशील प्रेम के नाम पर मैं पीटता हूँ ढिंढोरा पवित्रता का।

मृत्यु मात्र भुलावे का है पत्थर।
मैं करता हूँ तुम्हें प्रेम, तुम्हारे होंठों पर लेता हूँ चुंबन प्रसन्नता का।
आओ हम ईंधन एकत्रित करें। हम पहाड़ों पर प्रज्जवलित करेंगे अग्नि।

सोनेट भाग-४
निशा

(७९)

प्रिया ! रात्रि में, अपने हृदय से आबद्ध कर लो मेरा हृदय,
और दोनों अपनी निद्रा में करेंगे परास्त अंधेरे को
कानन में युगल ढोल जैसे,
गीली पत्तियों की मोटी भित्ति के विरुद्ध करते हुए प्रहार।

रात्रि करती है यात्रा : निद्रा की काली लौ
जो कतर देती है धरा के द्राक्षफलों की शाखें,
शीघ्रता से दौड़ती उस ट्रेन जैसी
जो खींचती है परछाइयाँ और ठंडी चट्टानें, निरंतर।

इस कारण, प्रिया, बाँध लो मुझे अधिक शुद्ध गति में,
उस स्थिरता तक जो धड़कती है तुम्हारे हृदय में
नीर में हंस के पंखों के साथ।

जिससे कि हमारी निद्रा दे सके एक कुंजी से
आकाश के सितारों से भरे प्रश्नों के उत्तर,
एक दरवाजे से जिसे परछाइयों ने कर दिया था बंद।

(८०)

मेरी प्रिया, मैं लौटा यात्रा और दुख से
तुम्हारे स्वर के समीप, तुम्हारे सितार पर पड़ते हाथ की ओर,
चुंबनों से पतझड़ को बाधित करती अग्नि की ओर,
आकाश को घेरती रात्रि की ओर।

मैं मांगता हूँ सबके लिए रोटी और अधिराज्य ;
मैं मांगता हूँ भूमि उन श्रमिकों के लिए जिनका नहीं है कोई भविष्य।
कोई भी न करे मेरे रक्त की अपेक्षा या मेरे गीत के विराम की !
किंतु मैं बिना मरे नहीं त्याग सकता, तुम्हारा प्रेम।

इसलिए : बजाओ शांत चंद्रमा का वाल्ट्ज संगीत,
नाविक गीत, बार कैरोल, द्रवित करते सितार पर,
जब तक कि स्वप्न देखते हुए मेरा सिर, करे विश्राम :

क्योंकि मेरे जीवन के रतजगों ने बुना है, कुंज में आश्रय,
जहाँ रहता और उड़ता है तुम्हारा हाथ,
सोते हुए यात्री की रात्रि पर देते हुए पहरा।

(८१)

और अब मेरी ही हो तुम। अपने स्वप्न के साथ मेरे स्वप्न में करो विश्राम।
प्रेम और पीड़ा और कार्य सभी सो जायेंगे, अभी।
रात्रि मुड़ती है अपने अदृश्य पहियों पर,
मेरे समीप में सोई हुई, मणि जैसी पवित्र हो तुम।

ओ प्रिया कोई भी नहीं, मेरे सपनों में सोयेगा। तुम चली जाओगी,
हम दोनों साथ जायेंगे, काल के पानी के ऊपर।
परछाइयों से होकर, कोई नहीं करेगा यात्रा मेरे साथ,
मात्र तुम, सदाबहार, सदैव सूरज और सदैव चंद्रमा के।

तुम्हारे हाथों ने पहले से ही खोल रखी हैं अपनी कोमल मुट्ठियाँ
और गिरने दिये उनके नरम बहाव के संकेत ;
भूरे पंखों सी बंद हो गई तुम्हारी आँखें, मैं बढ़ जाता हूँ

आगे, मैं करता हूँ अनुसरण तुम्हारे लिए हुए मुड़ते पानी का,
जो बहा ले जाता है मुझे, रात्रि, संसार, हवा बुनते हैं अपने भाग्य को।
बिना तुम्हारे, मैं हूँ तुम्हारा स्वप्न, केवल, और यही तो है यथार्थ।

(८२)

ओ प्रिया, जैसे ही बंद करते हैं हम दरवाजा रात का,
परछाइयों के स्थानों से होकर आओ मेरे साथ।
ओ प्रिया, रोक कर स्वप्न को, अपने आकाशों के संग करो मेरी आँखों में प्रवेश,
मेरे रक्त के माध्यम से विस्तृत नदी की तरह फैल जाओ।

निर्दयी दिवस प्रकाश को अलविदा,
जो गिर गया अतीत के बोरे में, इसका प्रत्येक दिन।
नारंगियों और घड़ियों की प्रत्येक किरण को विदा।
ओ परछाई, शनै: शनै: बनी मेरी मित्र, स्वागत है !

इस जहाज पर, या पानी, या मृत्यु, या नव जीवन में,
सोये हुए, हम पुनर्जीवित हो, फिर से हुए हैं साथ,
संबंध में हम हैं रात्रि का शुभ प्रणय।

मैं नहीं जानता कौन जीता या मरता है, कौन विश्राम करता या जागता है,
परंतु यह तुम्हारा हृदय ही है जो बाँटता है
मेरे हृदय में, भोर के सारे उपहार।

(८३)

तुम्हें रात्रि में अपने समीप अनुभव करना देता है मुझे सुख, प्रिये,
आग्रह पूर्वक रात्रि की निद्रा में, तुम रहती हो अदृश्य,
जबकि मैं सुलझाता हूँ बेसुध जालों की भाँति
अपनी दुविधाओं को।

अनुपस्थित, तुम्हारा हृदय करता है यात्रा स्वप्नों की,
किंतु इस प्रकार त्यागी तुम्हारी काया, लेती है श्वाँस,
बिना देखे मुझे खोजते हुए, पूर्ण करती है मेरी निद्रा,
उस पौधे सी जो वृद्धि पाता है रात्रि में।

जब तुम उठती हो, जीवित, कल, तुम कुछ और होओगी :
किंतु कुछ रह गया है शेष रात्रि के खोये सीमा प्रदेशों से,
उस अस्तित्व से और कुछ नहीं जहाँ हम पाते हैं स्वयं को।

वह कुछ जो हमें लाता है समीप जीवन के प्रकाश में,
मानो जैसे कि अंधकार की मुहर ने
चिन्हित किया हो गुप्त प्राणियों को अग्नि से।

(८४)

प्रिया, एक बार फिर, बुझता है दिवस का जाल,
कार्य, पहिये, अग्नि, खर्राटे, विदायें,
और हम करते हैं समर्पण लहराते गेहूँ से रात्रि के समक्ष
जिसे लिया दोपहर ने प्रकाश और धरा से।

एकमात्र चंद्रमा, अपने श्वेत पन्ने के केन्द्र में,
देता है सहारा, स्वर्गीय बंदरगाह के स्तंभों को
शयनकक्ष पहन लेता सुवर्ण का धीमापन,
और हिलते हैं तुम्हारे हाथ, रात्रि की तैयारी करने के लिए।

ओ प्रिया, ओ रात्रि, ओ नदी से घिरे हुए गुंबद
आकाश की परछाइयों में अभेद्य जल के,
जो प्रकाशित करता और डुबोता है अपने तूफानी द्राक्ष।

जब तक हैं हम केवल एक अँधेरा अंतरिक्ष
स्वर्गीय भस्म से भरते हुए पात्र को,
एक लंबी धीमी नदी की नस में एक बूँद सी।

(८५)

अस्पष्ट कोहरा बहता है सागर से सड़कों की ओर
शीत में समाधिस्थ किये गये, पशु की वाष्पित श्वाँस सा,
और एकत्र होती हैं जल की जिव्हायें, माह को ढकते हुए
हमारे जीवन के दैवीय होने का दिया गया था वचन।

कदम ताल करता पतझड़, सीटी बजाता हुआ पर्णों के मधु कोष से,
जब तुम्हारे स्तर उड़ते हैं हमारे शहरों के ऊपर से
उन्मत्त नारियां गाती हैं विदा गान नदियों के लिए,
अश्व हिनहिनाते हैं पेटागोनिया की ओर।

तुम्हारे चेहरे पर है सांझ की एक लता,
चढ़ती हुई मौनता से, जिसे उठाता है प्रेम
ऊपर आकाश की चरमराती नालों की ओर।

मैं झुकता हूँ तुम्हारी रात्रि कालीन काया की अग्नि की ओर,
और करता हूँ प्रेम, न केवल तुम्हारे उरोजों को वरन पतझड़ को भी,
जो फैलाता है अपना नीला सा रक्त कुहासे से होकर।

*पेटागोनिया - दक्षिणी अमरीकी महाद्वीप का सुदूरवर्ती अर्ध शुष्क हवा से उखड़ा

(८६)

ओ दक्षिणी नक्षत्र, ओ सुगंधित भास्वर के आनंद :
इसने प्रवेश किया तुम्हारी काया में चार पवित्र चुंबनों के साथ,
इसने यात्रा की परछाइयों और मेरे टोप के पार,
और चंद्रमा ने परिक्रमा की शीत से होकर।

तब - मेरी प्रिया के संग, मेरी प्रियतमा संग -
नीले तुषार के हीरकों, आकाश की निस्तब्धता, दर्पण :
तुम हुई अवतरित, और पूरित हुई रात्रि
तुम्हारे मदिरा के कंपकपाते चार तल घरों से।

ओ, शुद्ध परिष्कृत मत्स्य के धड़कते रजत,
हरित क्रास, अजमोदा की दीप्त मान परछाइयों,
आकाश की संपूर्णता में अभिशप्त जुगनू :

मेरे ऊपर करो विश्राम, बंद कर लें हम तुम्हारी और मेरी आँखें।
एक क्षण के लिए, सो जायें मानव रात्रि संग।
प्रकाशित करो मुझमें अपना चतुष्कोणीय नक्षत्र।

*दक्षिणी क्रास - दक्षिणी गोलार्ध में शीत ऋतु का संकेतक चतुष्कोणीय नक्षत्र

(८७)

सागर के तीन पंछियों, तीन रवि किरणों, तीन कैंचियों ने
पार किया शीतल नभ अन्तोफागस्ता की ओर :
इसी कारण वायु रह गयी कांपती,
इसी से कांपी प्रत्येक वस्तु घायल ध्वजा सी।

एकाकीपन, देता है मुझे संकेत तुम्हारे असीमित उद्भवों का,
मार्ग - कठिनता से एक मार्ग - निर्दयी पक्षियों का,
एक स्पंदन जो आता है अवश्य ही
मधु, संगीत, सागर, एक जन्म से पूर्व।

(एकाकीपन, एक स्थिर चेहरे द्वारा पोषित -
एक शांत मंद पुष्प सा, निरंतर वृद्धि पाता हुआ -
आकाश के विशुद्ध थिरकते झुंडों तक पहुँचने तक)

सागर के शीतल पंख, द्वीप समूह के, उड़ते हुए
गये उत्तरी पूर्व चिली की रेतों की ओर।
रात्रि ने खिसका कर बंद कर ली अपनी दैवीय कुंडी।

*अंटोफा - गास्ता - उत्तरी मध्य चिली का एक पहाड़ी रेगिस्तानी राज्य जहाँ सूर्य की तीव्रता विश्व में सर्वाधिक है।

(८८)

मार्च लौटता है अपने एकांत प्रेमी प्रकाश के साथ,
विशालकाय मत्स्य तैरती है आकाश में,
अस्पष्ट लौकिक वाष्प बढ़ती है चुपचाप,
एक एक कर समस्त वस्तुएं होती मौनता में लीन।

भटकते हुए मौसम के संकट से, सौभाग्य से
तुमने संयुक्त किया समुद्री जीवनों को अग्नि के जीवनों से,
शीत के पोत की भूरी हलचलें,
आकृति जिसकी प्रेम ने छोड़ी छाप गिटार पर।

ओ प्रिये, ओ मत्स्य कन्याओं और झाग द्वारा भिगोये गये गुलाब,
अग्नि जो करती है नृत्य और चढ़ती है अदृश्य सोपानों को,
जो जगाती है रक्त को निद्रा हीनता की सुरंगों में :

जिससे कि लहरें स्वयं को थका लें आकाश में,
सागर विस्मृत करे अपनी सामग्री और सिंहों को,
संसार गिरे परछाई युक्त जालों में।

(८९)

जब मैं करूँ मृत्यु का वरण, मैं चाहता हूँ तुम्हारे हाथों को मेरी आँखों पर :
मैं चाहता हूँ रोशनी और तुम्हारे प्यारे हाथों का गोरापन
मैं चाहता हूँ उन हाथों की स्फूर्ति मुझसे होकर गुजरे एक बार :
मैं करना चाहता हूँ उस कोमलता की अनुभूति जिसने परिवर्तित किया मेरा भाग्य।

मैं चाहता हूँ कि तुम रहो जब मैं करूँ प्रतीक्षा, सोते हुए।
मैं चाहता हूँ कि तुम्हारे कान अब भी सुनें पवन,
मैं चाहता हूँ कि तुम गंध लो महासागरीय सुगंध की जो हमें थी पसंद साथ साथ,
हम चलते रहें लगातार रेत पर, चलते रहें।

मैं चाहता हूँ जिसे मैं पसंद करता हूँ जिये निरंतर,
और तुम जिसे मैं करता हूँ प्यार सबसे बढ़कर और गाता रहा
पूर्णत: विकसित पुष्प : जैसी होती रहो समृद्ध,

जिससे कि हर उस वस्तु तक पहुंच सको जिस ओर मेरा प्रेम करे तुम्हें निर्देशित,
जिससे कि मेरी परछाई, तुम्हारे केशों के साथ साथ कर सके यात्रा,
जिससे कि हर कोई मेरे गाने का जान सके कारण।

(९०)

मैंने सोचा कि मैं मर रहा था, मैंने की शीतलता की पास में अनुभूति
और जाना कि मैंने छोड़ दिया तुम्हें पीछे, अपने सारे जीवन से,
धरा के दिन और रात थे तुम्हारे मुख में,
तुम्हारी त्वचा गणतंत्र, जिसे स्थापित किया मेरे चुंबनों ने।

उस क्षण में रुक गईं पुस्तकें,
और मित्रता, व्याकुलता से एकत्रित किए गए खजाने,
पारदर्शी घर जो तुमने और मैंने किया निर्मित :
तुम्हारी आँखों के सिवा, गिर गई प्रत्येक वस्तु।

क्योंकि जब भी जीवन करता है हमें पीड़ित,
प्रेम होता है एक लहर, कहीं बड़ा अन्य लहरों से :
किंतु ओह, जब आती है मृत्यु खटखटाते हुए द्वार,

वहाँ इतनी अधिक शून्यता में होती है मात्र तुम्हारी दृष्टि,
संपूर्ण विनाश में मात्र तुम्हारा ही प्रकाश,
केवल तुम्हारा ही प्रेम, बंद करने के लिये परछाइयाँ।

(९१)

आयु आवृत्त कर लेती है हमें धीमी बारिश सी ;
समय है अनंत और उदास ;
एक नमकीन पंख स्पर्श करता है तुम्हारा चेहरा ;
एक रिसाव चबा गया मेरी कमीज।

समय नहीं करता मेरे दोनों हाथों में भेद
और तुम्हारे हाथों में नारंगियों के समूह में :
बर्फ और बेलचे के साथ कम हुआ जीवन
तुम्हारे जीवन में, जो कि है मेरा जीवन।

मेरा जीवन जो मैंने दिया तुम्हें, भरता है
फले हुए फल समूह सा वर्षों से।
धरा पर लौट आयेंगे द्राक्ष।

और वहाँ भी नीचे समय
रहता है जारी, प्रतीक्षा करते हुए, बरसते हुए
धूल पर, अनुपस्थिति को भी मिटाने को व्यग्र।

(९२)

मेरी प्रिये, यदि मैं मरता हूँ और तुम नहीं मरतीं –,
मेरी प्रिया, यदि तुम मरती हो और मैं नहीं मरता –,
हमें नहीं देना चाहिए दुख को बहुत समान विस्तृत क्षेत्र।
जहाँ हम रहते हैं उस स्थान से बड़ा नहीं है कोई विस्तार।

गेहूँ में धूल, मरुस्थल में रेत,
समय, भटकता हुआ जल, धुंधली वायु
हमें बुहार ले गये, जल में तैरते बीजों के समान।
हमने एक दूसरे को समय रहते नहीं मिल पाते।

यह चारागाह जहाँ हम पाते हैं स्वयं को,
ओ नन्ही अनंतता ! हम लौटाते हैं इसे।
किंतु प्रिया, यह प्रेम नहीं हुआ है समाप्त :

जैसे कि इसका कभी न हुआ हो जन्म,
नहीं होती है इसकी मृत्यु : यह है एक लंबी नदी सा,
जो केवल बदलता है भूमि, और बदलता है होंठों को।

(९३)

यदि कुछ समय के लिए रुक जाता है तुम्हारा हृदय,
यदि कोई रोक देता है चलना, या जलना तुम्हारी शिराओं में,
यदि कोई आवाज निकलती है तुम्हारे मुंह से बिना शब्द हुए,
यदि तुम्हारे हाथ भूल जाते हैं उड़ना, और सो जाते हैं,

मेरी प्रिय मेटिल्डा, अपने होंठों को छोड़ दो अधखुला :
क्योंकि अंतिम चुंबन रहना चाहिए मेरे साथ,
उसे होना चाहिए स्थिर, हमेशा के लिए, तुम्हारे मुंह में,
जिससे वह मेरे साथ बना रहे मृत्यु पर्यंत।

मैं मर जाऊँगा तुम्हारे उन्मुक्त ठंडे मुंह को चूमते हुए,
तुम्हारी काया की खोयी हुई फल कलिकाओं को सहलाते हुए,
तुम्हारी बंद आँखों में प्रकाश की तलाश करते हुए।

इसलिए जब धरती हमारे आलिंगन को स्वीकार करे
तो हम हो जायेंगे एकाकार एक ही मृत्यु में,
सदैव एक चुंबन की अमरता में रहते हुए।

(९४)

यदि मैं मरूँ, तुम इतनी शुद्ध शक्ति के साथ उत्तरजीवी रहो
कि तुम करो विवर्णता और शीतलता को क्रोधित ;
चमकाओ अपनी अमिट आँखों को दक्षिण से दक्षिण तक,
सूर्य से सूर्य तक, जब तक कि गाने न लगे तुम्हारा मुख गिटार सा।

मैं नहीं चाहता तुम्हारी हँसी या पदचाप लगे डगमगाने ;
मैं नहीं चाहता मेरी प्रसन्नता की विरासत की हो मृत्यु ;
मत पुकारो मेरे हृदय को, मैं नहीं हूँ वहाँ।
मेरी अनुपस्थिति में रहो जैसे रहती हो एक घर में।

अनुपस्थिति है एक ऐसा विशाल घर
कि तुम टहल सकोगी दीवारों से होकर,
लटका सकोगी चित्र मात्र हवा में।

अनुपस्थिति है एक ऐसा पारदर्शी घर
कि मृत होकर भी मैं देख सकूँगा तुम्हें वहाँ,
और यदि तुम्हें हो कष्ट, प्रिये, मैं मर जाऊँगा दोबारा।

(९५)

हमारे जैसा किसने किया प्रेम ? आओ हम खोजें
उन हृदय की चिमनियों को जो जलीं
और गिराती हैं एक एक कर हमारे चुंबनों को,
रिक्त पुष्प के पुन: उगने तक।

आओ करें प्रेम, वो प्रेम जिसने चख लिया इसका फल
और चली गयी नीचे, इसकी छवि और इसकी शक्ति धरा में :
तुम और मैं, हैं वो जो सहते हैं प्रकाश,
इसका स्थिर मृदुल काँटा।

उस प्रेम तक लाओ, जो हुआ समाधिस्थ अत्यधिक शीत काल में,
बर्फ और बसंत द्वारा, विस्मृति और पतझड़ द्वारा,
एक नये सेव का प्रकाश।

प्रकाश उस स्फूर्ति का जो खुल गयी है एक नये व्रण से,
उस पुराने प्रेम जैसी जो व्यतीत होती है मौनता में
समाधिस्थ किये गये मुखों की अमरता से होकर।

(९६)

मैं सोचता हूँ इस बार जब तुमने किया था मुझे प्यार
बीत जायेगा और दूसरी नीलिमा लेगी उसका स्थान ;
अन्य त्वचा ढक लेगी उन्हीं अस्थियों को ;
अन्य आँखें देखेंगी बसंत।

उनमें से कोई भी नहीं जिन्होंने काल को बांधने का किया प्रयास-
वो जिन्होंने धुँए में किया व्यापार,
नौकरशाह, व्यापारी, यात्री - कोई भी नहीं
रहेंगे चलायमान, अपनी रज्जुओं में उलझे हुए।

चश्मा पहने हुए निर्दयी देवता, निकल जायेंगे,
बालोंदार, मांसभक्षी, पुस्तक के साथ,
नन्हे हरे पिस्सू और पिटपिट पक्षी।

और जब धरा धुलकर होती है ताजा,
अन्य आँखें जन्म लेंगी जल में,
गेहूँ उपजेगा बिना आँसुओं के।

(१७)

इन दिनों, व्यक्ति को चाहिए उड़ना, पर किस ओर ?
बिना पंखों के, बिना वायुयान के, उड़ना - बिना संदेह के :
गुजर गयीं हैं पदचापें, बिना किसी लाभ के ;
उन्होंने नहीं बढ़ाये यात्री के पैर संग में।

प्रत्येक क्षण, व्यक्ति को चाहिए उड़ना-
गरुड़ों जैसा, घरेलू मक्खियों जैसा - दिनों जैसा :
जीतना चाहिए शनि ग्रह के वलय
और करना चाहिए निर्मित नयी घंटियों के वाद्य यंत्र।

पद त्राण और पगडंडियाँ अब नहीं है पर्याप्त,
यायावर के लिए धरा का नहीं रह गया है उपयोग :
जड़ों ने पहले से ही पार कर ली है रात्रि।

और तुम प्रगट होओगी अन्य ग्रह पर,
हठीली चलायमान,
अन्ततः पोस्ता में परिवर्तित।

(९८)

और यह शब्द, यह कागज़ एक हाथ के
हजारों हाथों ने लिखा है जिस पर, नहीं रहता
तुम्हारे अंदर, यह नहीं है अच्छा स्वप्न देखने के लिए।
यह गिरता है धरा पर ; वहाँ यह रहता है निरंतर।

कोई बात नहीं कि प्रकाश, या प्रशंसा
छलक जायें प्याले के किनारे से,
काश वो हो सुविचारित टिमटिमाहट मदिरा में,
काश तुम्हारा मुख हो धब्बायुक्त नीले अम्लान पुष्प सा।

यह शब्द : अब और नहीं चाहता धीमे बोले गये शब्दांश,
जो लाती है चट्टान, और लौटा ले जाती है,
मेरी स्मृतियों से, आलोडित झाग से :

यह कुछ भी नहीं चाहता किंतु चाहता है लिखना तुम्हारा नाम।
और यद्यपि मेरा विचार मग्न प्रेम करता है इसे अभी मौन,
बाद में बसंत काल करेगा इसे उच्चारित।

(९९)

आयेंगे अन्य दिन, पौधों और ग्रहों का समझा जायेगा मौन,
और बहुत सी पवित्र घटनायें होंगी घटित !
सितारों में होगी चंद्रमा की सुगंध !

संभवत: रोटी होगी तुम्हारे समान :
उसमें होगा तुम्हारा स्वर, तुम्हारा गेहूँ,
और अन्य वस्तुएं - खोये हुए अश्व
पतझड़ के - बोलेंगे तुम्हारे स्वर के संग।

और यद्यपि ये न भी हो जिसे तुम करो अधिक पसंद-ठीक से,
प्रेम भरेगा विशाल पीपे
गडरियों के पुराने मधु जैसे,

और मेरे हृदय की रेत में
(जहाँ संरक्षित होंगी बहुतायत में वस्तुएं),
तुम आओगी और जाओगी खरबूजों के मध्य से।

(१००)

इस धरा के केन्द्र में, मैं धकेल दूँगा परे
मरकतों को जिससे कि मैं देख सकूँ तुम्हें -
तुम एक लिपि कार सी, जल की कलम से
चित्रित करते हुए पौधों की हरी शाखाओं को।

कैसा है यह सुंदर संसार ! कितनी गहन अजमोद की गंध !
कितना सुंदर है मृदुलता से तैरता हुआ एक पोत !
और तुम, संभवत: - और मैं - संभवत: एक पुखराज।
घंटियों में अब और नहीं होगी भिन्नता।

वहाँ नहीं होगा कुछ भी सिवा स्फूर्तिदायक वायु के,
हवा में ले जाये जाते हुए सेव,
जंगलों में सरस पुस्तक :

और वहाँ जहाँ कार्नेशन पुष्प लेते हैं श्वाँस,
हम प्रारंभ करेंगे बनाना स्वयं के लिए वस्त्र, कुछ ऐसा
जो टिक सके विजेता चुंबन की अमरता तक।

BLACK EAGLE BOOKS

www.blackeaglebooks.org
info@blackeaglebooks.org

Black Eagle Books, an independent publisher, was founded as a nonprofit organization in April, 2019. It is our mission to connect and engage the Indian diaspora and the world at large with the best of works of world literature published on a collaborative platform, with special emphasis on foregrounding Contemporary Classics and New Writing.

www.ingramcontent.com/pod-product-compliance
Lightning Source LLC
Chambersburg PA
CBHW031124080526
44587CB00011B/1099
* 9 7 8 1 6 4 5 6 0 1 7 9 1 *